FRÉDÉRIC GUIDON

UN CHEMIN D'ÉCOLIERS

ÉDITIONS MAÏA

Découvrez notre catalogue sur :

https://editions-maia.com

Nos livres sont éthiques et durables : économes en papier et en encre, ils sont conçus et imprimés en France.

ISBN 979-1-04250-924-8
Dépôt légal : mars 2025

Pour ma maman, aux côtés de qui j'ai tenu mon premier volant.
J'avais 17 ans, elle, le double, la Renault 4L, 3 (3 vitesses).

« Il n'existe pas d'Enfant avec un grand E : il existe un individu à l'époque de son enfance et qui, quant à l'essentiel de son être au monde, est ce qu'il sera toujours. »
Françoise Dolto, *La Cause des enfants,* 2007

Du même auteur

Chronique d'un professeur de Lettres,
L'Harmattan, Graveurs de Mémoire, 2015
Mon métier de Professeur,
L'Harmattan, Graveurs de Mémoire, 2018

Préface

« Les voitures, c'est pas utile et ça pollue parce que c'est pour une seule personne, ou alors la famille. Mais le bus, c'est utile ! Parce que c'est un transport en commun, EN COMMUN ! »

Enzo, élève en 6^{e}B au collège Julien Franck (Meurthe-et-Moselle), à l'auteur reconnaissant.

Le ramassage, seul objet de ce livre

Dans l'Éducation nationale, on ramasse beaucoup, et autant aux alentours. À tour de bras, en fait.

Chaque matin, quatre millions[1] d'enfants sont ramassés dans les rues… sur des points précis, dûment balisés et conformes à tout ce qu'il faut d'officiel. De même chaque matin, des milliers de professeurs, et parmi les meilleurs, ramassent des polys, ramassent des feuilles d'exercices et aussi ramassent parfois des punitions. Le devoir sur table touche-t-il à sa fin ? L'enseignant qui depuis deux heures surveille religieusement sa classe au labeur prévient opportunément « Plus que cinq minutes et je ramasse ». Tout le monde comprend aussitôt qu'il faut accélérer la cadence, ou conclure ou encore relire, en fonction de l'avancée des travaux. Huit jours plus tard, au moment de la remise des copies huit jours auparavant ramassées, tel lycéen dépité et usant du vocable en un sens autre/différent dira « Je me ramasse un 6 (un 4, un 2) ». Plus tard, entre potes de cantine, il redira « On s'est ramassés ce matin (en maths, en français, en SVT) ». À cinq heures et demie, aux jours dévolus à l'école, une noria insoupçonnée de ramasseurs extérieurs – champignons l'automne, œufs de Pâques le printemps revenu – saluera le car du ramassage qui, une fois franchie la frontière du village, ne tardera plus à rendre ceux qu'il aura au matin ramassés. À la maison, autour de la soupière, notre lycéen à ses parents redira que « La classe s'est totalement ramassée (en maths, en français, en SVT) ». Et le petit, encore en sixième, réclamant son lot de malheur, déclarera après son frère « Moi aussi ! Je me suis ramassé ! Dans l'escalier A parce que des personnes derrière poussaient ». Quant au chauffeur du ramassage en fin de service, debout au centre du parallélépipède immobilisé, il ramassera moult choses délaissées (sac de sport, déclaration d'amour non parvenue, tube de colle), assumant sa part professionnelle dans le cycle infini des ramassages successifs.

---

1 *Profession Conducteur Routier Voyageurs* (Livret Fimo), Éditions Nationales du Permis de conduire [sd], p.166.

Ramasser des choses[2], c'est prendre ces choses, éparses et répandues à terre, pour les réunir. Action souvent triviale. Ramasser quelqu'un est tout autre. L'opération consiste à relever, à remettre sur pied un être humain après qu'il a chuté. Un service de mobilité automobile propulsant le matin quatre millions de têtes dans les écoles ne saurait, sans trahir sa mission, renier un principe tel que ce soutien réservé à quiconque consent au risque de tomber. (Quant au ramassis inexorablement péjoratif – ensemble confus de choses de peu de valeur/réunion de personnes peu estimables – il n'en sera bien évidemment jamais question dans les pages qui suivent !)

L'Autorité Organisatrice de Transport (AOT), consciente des connotations prépondérantes, préconise de substituer l'élégant et technique « transport » au rural et vilain ramassage. Mais, au royaume du mot, l'usage est roi : les habitudes des locuteurs l'emporteront toujours sur toute espèce d'interventionnisme verticale. Ainsi, le ramassage scolaire dit comme cela a encore de beaux kilomètres devant lui.

Pourquoi ce livre ?

Ce livre, parce que la vie est trop courte pour ne pas tenter d'en saisir par l'écriture le meilleur.

***

Ce livre, parce que j'ai jadis éprouvé – révélation de l'adolescence – un vif intérêt pour le transport en commun, sous l'aspect d'un modeste ramassage scolaire exécuté dans la campagne lorraine, à bord d'un Chausson anachronique conduit par un cultivateur en casquette de capitaine.

Anachroniques au pluriel, car ils l'étaient tous deux…

Une boîte non synchronisée que rappelaient de grandes lettres capitales étalées au-dessus de la grille des vitesses. Toute tentative de rétrogradage n'allait jamais sans un double-débrayage plus ou moins réussi ; des craquements souffrants et protestataires pouvaient s'ensuivre, et certains jours, s'y ajoutait le blocage momentané du levier récalcitrant (mais rompu à ce genre d'épreuve) emmanché sous le volant.

---

2 Définitions et exemples ont été puisés au dictionnaire *Lexis* édité par Larousse.

Les essuie-glaces étaient commandés par deux commutateurs à bascules séparés, si sonores qu'un voyageur assis au milieu de l'habitacle pouvait en percevoir le claquement caractéristique. L'essuie-glace gauche, face au poste de conduite, avait la préférence du chauffeur (on comprend pourquoi). Celui de droite, en revanche, était peu en faveur : il semblait réservé aux grosses intempéries et, l'hiver venu, aux possibles avalanches. Mesure d'économie, sans doute. Mesure de sagesse surtout : les deux essuie-glaces travaillant au même rythme, mais toujours déphasés l'un l'autre à cause des interrupteurs distincts, produisaient sur la clientèle embarquée un puissant effet visuel, pouvant atteindre jusqu'au tournis.

La porte-avant en accordéon fonctionnait sous l'action exclusive d'un bras d'acier, planté à un mètre du sol, au milieu du couloir. Cette espèce de tige courbe, épaisse, terminée par un pommeau de bakélite, invitait le conducteur, alors désaxé sur sa dextre, quasi hors de son siège, à ouvrir, puis refermer l'huis métallique à ventaux. Cet usage étant malcommode, une fonction de portier était dévolue, de fait comme de droit, à un collégien, toujours le même, et pas peu fier, qui passait donc le temps du ramassage, debout derrière le pare-brise, haut responsable de l'inévitable appendice, qu'il maniait le moment venu avec une vraie résolution.

Il existait bien une deuxième porte, au fond, aux gonds et becs-de-cane faisant saillie sur la carrosserie arrière du véhicule. Mais cette porte n'avait pas de portier. Telle quelle, bombée et robuste comme un bouclier, ou semblable à la façade d'un frigidaire ancien, jamais personne ne la vit s'ouvrir.

Quant au chauffeur, depuis toujours domicilié au village voisin, il s'acquittait de son deuxième métier avec prudence et ponctualité. Nul ne le vit autrement qu'en tenue de service : une blouse sans couleur ni forme, mille fois lavée, ses deux poches pectorales, dont l'une armoriée STAHV[3], l'autre accueillant un stylo dépassant, et sur la tête, une casquette sérieuse et rigide à visière vert bouteille.

Je me souviendrai longtemps des arrivées et des départs d'un tel équipage. Au matin, bleu et propre, quelle que fut la saison.

---

3 En toutes lettres : Société de Transports automobiles des Hautes-Vosges. Entreprise familiale de transport interurbain active pendant 50 ans, de 1956 à 2006. Plus de cent autocars au plus fort de l'activité, dont le dépôt était situé à Épinal (Vosges). Pionnière dans le développement du tourisme de montagne et longtemps omniprésente dans le ramassage scolaire du département.

D'abord vrombissant, puis ronronnant, le moteur chutait à si bas régime qu'on n'entendait plus du véhicule approchant que les gémissements alternés de la suspension docile aux creux et aux bosses du terrain foulé. Les soirs d'automne, l'allure lente, humble, et la graduelle absorption du véhicule emmitouflé dans le brouillard ou pris par la bruine ; le tricotage du quatre cylindres trois fois de suite augmenté ; la poupe bossue (comme le dos du marcheur sous la pluie) ; et les deux si petites billes rouges, au bas du carrossage, finalement mangées[4].

***

Ce livre aussi, parce que je connus de très près pendant deux ans un ramassage de collège, unique en France, situé dans l'une des plus belles forêts françaises…

1990. J'ai 29 ans, peu de recul pédagogique et aucune pratique du transport en commun. Monthureux-sur-Saône[5], au sud des Vosges, abrite alors un petit collège de campagne (8 classes, 160 élèves à peine), lequel instruit pourtant les enfants de 28 communes alentour, presque toutes hameaux ou lieux-dits, que des voies toujours étroites, forestières et giboyeuses, relient, tant bien que mal. 3 autocars et 10 minibus assurent matin et soir les allers-retours semés d'embûches d'un ramassage scolaire étendu, difficile et obstiné. Au volant : des retraités domiciliés au bourg, pour qui le transport des élèves constitue un revenu d'appoint ; des membres du personnel du collège,

4 Il devait vraisemblablement s'agir d'un autocar de ligne SC1 âgé, modèle de transition apparu en 1960 entre le Chausson (galerie sur le toit, échelle d'accès, « nez de cochon », pare-brise dédoublé) et les Saviem, dont l'excellent S45GT de 1964 (six vitesses, et synchronisées !), que notre chauffeur eut le bonheur de rouler quelques années encore, avant de rendre sa blouse et sa casquette de capitaine.

5 En 1938, le ministre de l'Enseignement Jean Zay avait envisagé de subventionner un réseau d'autocars qui auraient transporté les enfants des hameaux écartés jusqu'à l'école communale. La Seconde Guerre mondiale fit remettre à plus tard la solution d'un problème qui, après une quinzaine d'années, allait devenir aigu en raison du dépeuplement des campagnes et de la réduction du nombre d'enfants d'âge scolaire dans bien des villages. Imaginé spontanément par certaines municipalités (comme celle de Monthureux-sur-Saône, dans les Vosges, où le corps enseignant procédait lui-même aux opérations de transport), le ramassage scolaire a commencé très modestement avec les subventions de l'État en 1953 sur 345 circuits.
Ramassage scolaire : lors de son apparition, l'expression a suscité l'hilarité, et des persiflages tels qu'on faillit la remplacer par *cueillette d'enfants.*
D'après art. « Ramassage scolaire », pp. 324-325, *Depuis quand ?*, Pierre GERMA, Solar, 1992.

dames de service, hommes d'entretien, aperçus au jardin, dans la cour, croisés sous le préau, actifs dans les couloirs, les toilettes, présents au réfectoire ; et plusieurs collègues, hommes et femmes, dont Yves Jacquemin, professeur de physique, cheville ouvrière de cette combinaison de personnels, alliance exceptionnelle, au service d'enfants scolarisés disséminés sur 3 cantons. J'apprendrai à connaître cette structure associative créée en 1952 par le principal d'alors (lequel reconfigura de ses propres mains quelques « Goelettes » Renault en y aménageant des banquettes en bois...), active jusqu'en 2011 (la communauté de communes reprend le relais cette année-là), dévouée pendant 59 ans à l'acheminement quotidien de milliers d'enfants ruraux, longtemps oubliés des centres de décision (Conseil général et rectorat) politique et pédagogique. L'instigateur de cette action de terrain, solidaire et solide, le principal Grosjean, fut décoré du Mérite national, mais au milieu des années 70 seulement. Quant à Yves Jacquemin, à qui vous devez de lire ces lignes, président de l'association et conducteur scolaire pendant 27 ans, officier dans l'ordre des Palmes académiques, il est aujourd'hui retraité, à Monthureux. De son balcon, cinq cents mètres en contrebas, on aperçoit le collège du Pervis et son ex-garage. Et matin et soir, le ballet des autocars blancs, climatisés et véloces, qui ne savent pas de qui ils sont les successeurs.

***

Ce livre, parce qu'il y a longtemps, je me suis diverti à la conduite d'un autocar-école, brave bête de 240 chevaux, poussive dans les montées et passive dans les descentes du massif vosgien, périples d'apprenti que vint sanctionner l'obtention du permis D en 1998.

***

Ce livre, parce que j'aime conduire : j'aime qu'un véhicule – petit ou grand – réponde à mes sollicitations, se meuve par mon action, se déplace au gré de mon initiative.

***

Ce livre, parce que, professeur agrégé de Lettres fraîchement retraité, l'action m'appelle et la plume me démange.

***

Ce livre, parce que j'aime écrire ce qui passe à ma portée, pour en garder trace, éventuellement pour en faire témoignage.

***

Ce livre aujourd'hui, parce que je pense que le Livre est fort de deux missions essentielles : conserver et transmettre. Le conservatisme qui m'agrée n'est donc pas celui qui capture le passé, mais celui qui passe le relais.

***

Ce livre, parce que les enfants d'aujourd'hui sont impunément caricaturés par une société bien-pensante, faussement « cool » à leur endroit, en vérité vieillie, grincheuse et chroniquement réprobatrice.

***

Parce que les enfants méritent donc que leur soit rendue une image vraie d'eux-mêmes, conforme à leur comportement observé objectivement. C'est dire si ce qui est consigné ici est exact. Ni noirci ni enjolivé : fidèle à ce que j'en ai perçu depuis mon volant, en adéquation scrupuleuse avec ce que j'ai ressenti à bord.

***

Parce qu'un idéalisme invétéré me fait croire encore, à soixante-trois ans, qu'un déplacement collectif régulier, mise en commun pratique et fonctionnelle, peut valoir davantage, porter plus loin : le temps réitéré d'un trajet familier, construire l'expérience d'une communauté de circonstances, dont il me semble toujours possible de tirer un gain en faveur d'un mieux vivre-ensemble.

***

Parce qu'en octobre 2023, j'ai eu l'aubaine de croiser sur ma route Anuridh ASOKUMAR, dix-neuf ans, virtuose du traitement de texte. Son enthousiasme (que jamais il ne le perde !), sa culture livresque étendue (oui, déjà), une perspicacité rare, m'ont littéralement réveillé, puis porté vers la mise au net de notes éparses et sans véritable perspective éditoriale jusque-là. Qu'il en soit ici très chaleureusement remercié.

Le poste de conduite du Saviem SC1 modèle 1960 : volant 3 branches, levier de vitesses sous le volant, robinet de l'avance, frein de stationnement crémaillère, commutateur du chauffage.

Cette machine peu coopérative, mais très fiable, a rendu possible la scolarisation de milliers d'élèves pendant plus de deux décennies.

10,60 m. 45 places, dont 20 banquettes doubles, galerie porte-bagages accessible par une échelle fixée à l'arrière. À l'avant, grande calandre, ici sans son cache-radiateur hivernal. Panonceau « TRANSPORT D'ENFANTS », ancêtre du pictogramme jaune à deux silhouettes.

Rétroviseurs fixes et pare-chocs doublé.

Les Goélettes du principal Grosjean, ici devant le collège de Monthureux-sur-Saône (après 1963)

Ici, devant l'hôtel de ville pour les « cours complémentaires » (avant 1963)

Même lieu, en autocar.

6 h 45

Après avoir franchi le seuil du long portail coulissant déjà ouvert, le pédagogue dirigea ses pas en direction du bâtiment, un rez-de-chaussée de facture moderne aux dimensions carrées qui abritait le cœur hiérarchique de la structure et ses prolongements bureautiques.

C'était un matin froid de janvier pluvieux, et le premier jour de la semaine.

L'asphalte endormi, frère tellurique de la nuit, s'étendait loin, jusqu'à se perdre en des confins boisés noyés d'obscurité, et çà et là, présentait des flaques nées de la pluie dernière, peu profondes, mais amples, aux miroitements desquelles il put se guider jusqu'à la porte d'accès, qu'un œil vert, soudain réveillé par le contact du badge magnétique, déverrouilla.

Le couloir fut aussitôt éclairé. À main droite, le bureau directorial avec vue sur la grille d'entrée aussi bien que sur le parc privé, une porte, le photocopieur en veille, trois bureaux encore jusqu'à l'extrémité opposée du couloir où un affichage syndical rappelait ses droits au personnel. À gauche, sur le mur blanc, le calendrier grand format des périodes scolaires, élément cardinal du bon fonctionnement de la maison, puis une suite de pages à teneur administrative ou visée réglementaire qui rappelait, symétrie oblige, au personnel ses devoirs. Plus loin, une porte toujours ouverte, donnait sur la salle dite de détente : table centrale, trois chaises, canapé gris incontestablement ferme, fauteuils et sièges, un poste informatique, un coin cuisine, une télévision suspendue, quelques revues, le journal de l'avant-veille, le distributeur de boissons et le distributeur d'en-cas, deux armoires réfrigérées constamment ronronnantes. Au-dessus de l'équipement cuisinier et très en vue, une pendule aux aiguilles directrices, objet mural silencieux autant que supérieur, élément vital aux activités ici pratiquées.

Perdu au fond d'un angle rentrant, un carton à dessin blanc moucheté noir, depuis des mois en déshérence, attendait, inerte et morne, que son oublieux propriétaire daignât lui rendre sa dignité, par un retour en grâce de sa fonctionnalité première.

À gauche, le bureau du comptable, étroite cellule aveugle, deux vestiaires, toilettes et douches, enfin le petit local dédié à l'entretien.

Le pédagogue fit jouer la serrure de son casier nominatif – un parmi une trentaine –, en sortit un document A4 de cinq pages agrafées (une page par jour ouvré) et, sans en prendre immédiatement connaissance, le glissa dans l'un des quatre soufflets d'un cartable de toile bleue, à mi-chemin du bagage et du porte-documents.

Il se retrouva dehors, au froid, arpentant le parc goudronné que de très hauts luminaires trouaient d'une luminosité puissante à spectre étroit, tels des foyers incandescents suspendus dans la nuit loin du sol, d'où tombaient à pic des faisceaux effilés de lumière abrupte.

Car le bâtiment, si familier fût-il au pédagogue, n'était pas à proprement parler le lieu d'exercice de son travail. Le cœur du métier était ailleurs, et cet ailleurs commençait plus loin.

Dans le silence qui précède la renaissance de jour et l'agitation humaine, le pédagogue aimait à se retirer, pour jouir de ce temps de répit avant l'effort, de suspension avant l'action.

En chemin, il aperçut un collègue, la démarche légèrement penchée, un sac en bandoulière assez semblable au sien dépassant de sa silhouette, dont une main tenait un classeur souple, de format A4, et qui de loin, pouvait être bleu.

Les deux pédagogues se saluèrent du bras : leurs gestes coordonnés furent larges, à cause de la nuit, en raison aussi de la camaraderie.

Chacun poursuivit sa marche silencieuse nimbée de cette tranquillité que toute fidélité suffisamment prolongée procure en récompense. Les deux hommes se reverraient plus tard, dans la matinée, momentanément libres alors.

Remontant pas à pas l'extrémité des lignes tracées au sol, qui, deux à deux parallèles, enfermaient un numéro à deux chiffres croissants, chacun se rendit à son poste.

Vint un moment où le pédagogue fut devant le sous-bassement carrossé d'un vitrage de douze mètres, derrière lequel un plafonnier longitudinal diffusait une lumière forte.

Il était donc arrivé.

Bientôt des élèves entreraient là, et y prendraient place.

Ce qu'il fit, préliminairement.

Pédagogues

Chauffeurs, conducteurs, machinistes ou tourneurs du volant sont tous *pédagogues,* dès lors qu'ils conduisent des enfants de leur domicile jusqu'aux portes d'une école.

Car cette seule condition suffit.

Ce n'est pas moi qui le dis, mais l'étymologie.

À l'origine, d'abord grecque, puis latine, le terme *pédagogue* désigne l'esclave qui accompagne les enfants de son maître jusqu'au seuil d'un lieu consacré à l'instruction.

Pédagogue s'est autrefois écrit « paidagôgos » en grec, puis « paedogus », sa transcription latine. Dans les deux cas, le mot est sécable en deux éléments sémantiques : paida/paeda signifie enfant ; gôgos/gogus réfère à l'action de conduire ou guider (des enfants).

Ce n'est qu'au XIVe siècle que le mot français *pédagogue* oublie sa signification première et prend le sens, toujours actuel et seul connu, de professeur ou d'enseignant.

De ce fait, votre serviteur est *pédagogue* sous les deux espèces, bien que successives : naguère professeur de Lettres, aujourd'hui conducteur scolaire.

Cinq échos de la rentrée des classes

Encore en vacances.

L'usager musculeux, mais sans fardeau scolaire sur le dos et qu'un long soleil d'été a paresseusement bronzé, ce matin tout juste extrait du domicile familial, monte lourdement dans l'habitacle de l'autobus, les deux mains plantées au fond des deux poches d'un estival bermuda bleu azur.

Le chauffeur :

— Les mains dans les poches ?

Le collégien :

— Elle arrive.[6]

***

— Vous m'avez manqué.

Sitôt dite sitôt enfouie : la petite phrase s'est perdue dans le flux montant à l'assaut du véhicule. Une déclaration vient de tinter, furtive et joyeuse. En elle, audace et timidité se regardent, risque et prudence s'épaulent. Une pirouette fugace inaugure ainsi ce matin 5 septembre. Tant mieux !

Passagère non périssable petite phrase, éclaire longtemps de ton fanal souriant l'âpre et prosaïque ramassage.

***

Théâtre de rue.

À l'arrivée du bus, une collégienne se détache de ses congénères et fait face au véhicule. Voilà que, résolument, elle tend le bras, ferme le poing, dresse le pouce droit dans l'intention mimée d'aimanter sur lui les yeux du machiniste amorçant

6 Formule elliptique (désinvolte aussi) : « Elle » désigne en effet la carte magnétique du titre de transport… obligatoire.

doucement son approche sur l'aire quadrillée de zébras. Trois voisins entraînés par la gesticulation démonstrative de leur condisciple se mettent à jouer, de corps, de visages, de bras et de jambes, une posture d'auto-stoppeur choisie et démarquée. Chaque comédien, deux filles deux garçons, improvise alors avec autant d'assurance que de facilité l'attitude particulière d'un personnage caricaturé. Quelques secondes suffisent pour qu'apparaissent sous l'abribus, côte à côte et pourtant individualisés, une implorante, un quémandeur, une fataliste, un impatient, tous tournés vers l'unique spectateur.

L'implorante se contorsionne en mille sens : une souffrance indicible l'étreint, que seule une automobile obligeante pourrait apaiser.

Le quémandeur mendie qu'on s'arrête pour lui. Une petite seconde même ferait son affaire. Personnage idéalement grotesque.

L'impatient a l'œil rivé sur le dos du poignet gauche. Quidam crispé, imprécateur et colère.

La fataliste qui ne croit plus en son étoile s'étiole. L'auto-stoppeuse éreintée se résout au pire d'une attente interminablement prolongée.

Et puis, simultanément, tout s'arrête. L'action se dissout, la scène se délite, le spectacle s'évanouit. Plus rien de lui n'existe que la joie de s'y être ensemble essayé.

La troupe démantelée cède le pas à un quatuor scolaire standardisé, rompu aux usages du transport en commun et qui présente à quatre reprises la carte magnétique requise.

Le public réagit, aussi vite que son métier le lui permet. Pensant détenir le mot de la fin de la comédie matinale :

— Alors aujourd'hui, ce n'est pas le bus qui passe : c'est quatre auto-stoppeurs qui le demandent !

Mais un baladin parmi les quatre, décidément en grande forme, réplique aussitôt :

— Eh oui !... Et vous, vous êtes le premier à avoir bien voulu vous arrêter !

(Qui a dit que les ados manquent d'humour ?)

***

Politesse et plus.

L'abribus situé après le prochain virage n'est plus qu'à cinquante mètres et la vitesse du bus est tombée à 20 km/h. Deux habitués de la ligne, deux inséparables, quittent alors leur siège double, remontent l'allée et, sac sur épaule, viennent se poster, silencieux, précis, près des portes.

Moi :

— Vous avez grandi pendant l'été !

Chez eux, un silence immédiat, total, compact, presque gêné.

Moi-même, un peu décontenancé par l'accueil qui m'est fait, reformule hésitant :

— Si, si... un petit peu... mais quand même.

L'un des deux, paraissant acquiescer, consent à dialoguer, mais tient à relativiser tout de suite mon observation (trop louangeuse ?)

— Oui, oui... on a pris *un peu* de maturité.

Nous voici à l'arrêt, je commande l'ouverture des portes et les passagers en devenir retrouvent la terre de leur enfance qui s'en va.

C'est alors que mon interlocuteur articule respectueusement, cérémonieusement même :

— Nous vous souhaitons une bonne journée et une bonne continuation !

Je n'en demandais pas tant...

Je ne suis pas payé pour faire la conversation. Du reste, au-dessus de ma tête, bien en évidence, un DÉFENSE DE PARLER AU CONDUCTEUR trône et clôt définitivement le sujet. L'avis majuscule qui s'adresse à mes usagers en vérité me protège : les passagers prolixes et plantés à un mètre de mon volant, bien que rares, sont toujours embarrassants. Il faut alors leur faire sentir la contrainte d'écoute qu'ils imposent au chauffeur et la difficulté ajoutée de conduite qui s'ensuit.

Mon attitude avec les écoliers est simple et sobre. Aucune remarque, aucune question, excepté si celles-ci sont en relation directe avec la bonne tenue du service (passage au valideur du titre de transport, comportement adéquat et sociable). Une formule de politesse, qu'un « bonjour » et qu'un « merci » suffisent à instaurer, constitue l'essentiel de l'échange courant.

Il est juste qu'aujourd'hui et à la faveur de la rentrée des classes, j'ai péché par excès... Mais en retour, ai reçu trois récompenses.

D'abord, un correctif plein de sens reformulant un gain de taille en une prise de maturité.

Ensuite, l'expression d'une gentillesse.

Enfin, la preuve qu'aux tréfonds de mes timides interlocuteurs, une auto-éducation est en cours.

***

10 septembre. Village de Montenoy, arrêt « Petit Verger ».

— Bonjour ! Et merci de... [*le jeune cherche le mot*]... de nous emporter !

Si le ramassage scolaire *emmène* des enfants, ces enfants seront pris en charge du domicile à l'école et réciproquement, de manière organisée, légale et sécure.

Si le ramassage *transporte* des enfants, nous verrons chaque matin une population charriée, charroyée aux portes des collèges, déversée comme marchandise vouée à finir son transit sur un quelconque quai de débarquement.

Si maintenant nous disons, à la manière de ce qui s'est dit ce matin, que le ramassage scolaire *emporte* les enfants, ne voit-on pas ces enfants *emportés...* rehaussés, grandis, tel ce cinéphile comblé que le film *emporte,* tel ce mélomane ravi parce qu'une musique *l'emporte ?...*

Un mot donc, et tout peut se transfigurer.

Merci jeune homme pour ton merci de ce matin ! Il donne un sens préalable – considérable – aux futurs milliers de tours de roue qui, jusqu'à l'horizon de juillet, *emporteront* chaque jour une communauté d'enfants dont tu fus aujourd'hui le remarquable porte-parole.

Si le segment [*AC*]...

Le conducteur n'en saura pas plus.

La voix adolescente derrière lui s'est tue.

De très courte durée aura été le soliloque, comme échappé par mégarde, livré par erreur à des oreilles non destinées.

Penché sur un cahier (ou sur une copie posée sur un cahier) tant bien que mal maintenu sur les genoux, l'usager scolaire, buste courbé, semble calligraphier douloureusement l'énoncé d'un problème. Peut-être en recopie-t-il la solution clef en main, obligeamment éclairé dans son labeur inajournable par l'écran lumineux d'un camarade assis à sa gauche (détenteur et seul méritant de l'opération géométrique frauduleusement subtilisée ?).

Non, non. Le pédagogue au volant n'en saura pas plus. Le scribe tôt levé s'est absorbé dans la consignation hâtive d'un savoir calculatoire probablement dérobé, et comme telle placée sous le sceau d'une clandestinité présumable.

Du reste, le conducteur aux mains vissées sur la circonférence d'un autre cercle, doit lui aussi résoudre sa propre géométrie. Non celle de l'exercice, mais de l'espace réel, soumise aux aléas de la circulation, par conséquent sans cesse recalculée.

Ainsi, tout ici va pour le mieux : l'aube peut se lever, tutélaire et protectrice, sur les géomètres embarqués, le théoricien et le praticien.

Fournitures scolaires

... Découvertes de retour au dépôt ce matin. Oublié au fond du bus, un sac de toile écrue, fine, ultralégère. Contenu quadruple.

Premièrement. 1 menu ballon. Diamètre (valeur approchée) : 15 centimètres. Enveloppe blanc et vert. Produit industriel allemand. Très modérément gonflé : rappelle à s'y méprendre le pauvre jouet de plage essoufflé, à marée basse, sur le sable esseulé d'un soir d'août sans étoile.

Deuxièmement. 5 bougies « fantaisies pour souffler, faire la fête et décorer », comme le précise fort doctement le cartouche qui les réunit. Fabrication française. Chaque bougie (de modeste élévation, aucune ne saurait convenir à aucun chandelier digne de ce nom) porte en ses flancs, en bas-relief :

1) deux créatures humanoïdes asexuées tout en buste ;

1) un soutien-gorge déployé (sauf erreur) ;

2) deux figures anthropomorphiques, cariatides bien difficiles à identifier.

Troisièmement. 2 lacets « street » en conséquence parfaitement adéquats au déplacement pédestre urbain. Enroulés sur une plaquette cartonnée perforée, de sorte que les deux banals lacets apparaissent aux yeux de l'acheteur dix fois de suite, en dix bandes parallèles. Multiplication illusionniste de la marchandise.

Quatrièmement. 1 stylo-bille, sans marque ni griffe qui permette de rattacher l'objet à un savoir-faire technique reconnaissable. Coloris orange à flanquer l'ophtalmie. Corps démesurément rebondi. Sec par le bout et bille aride : le tout infidèle à sa vocation première.

Voilà ce dont s'équipe quelque collégien en route pour l'étude. De quels dommages scolaires et intellectuels s'accompagnera le manque de telles fournitures ? Le chauffeur qui les ramasse ne saurait le mesurer ni sa mémoire d'écolier se le rappeler.

Rire au volant

— Non, monsieur ! Ne riez pas ! On a dû courir, nous !

Je reconnais, c'est vrai, avoir ri. Quoique ce fût de manière feutrée, il me semble, ouatée...

J'ai ri de l'heureuse coïncidence entre mon coup d'œil au rétroviseur de droite et la survenue impromptue de trois jolies jeunes filles comme éjectées du collège tout proche, effectivement lancées dans un pas de course aussi bouillonnant qu'embrouillé.

Les deux mains sur un volant encore immobile, j'ai cru, c'est vrai, pouvoir rire, en toute impartialité, d'une concomitance réjouissante entre l'arrivée précipitée de trois adolescentes émues et le départ à peine retardé du véhicule qui, c'était certain à cet instant-là du rire, les reconduirait comme à l'ordinaire chez elles à bon port.

Mon interlocutrice et ses deux compétitrices ayant sitôt disparu dans la forêt des fauteuils en enfilade, juste récompense de l'effort, j'ai manqué de temps (moi aussi) pour justifier un enjouement qui devait tout à l'issue d'une circonstance sans effet négatif, et rien du tout à je ne sais quelle intention critique ou sarcastique.

Ah là là !

Comme il est vrai de dire que, pour tout le monde, la vie décidément va trop vite...

Le contrevenant candide

23 octobre : jour de contrôle des cartes ! Et gare aux non porteurs du titre de transport ! Il leur faudra publiquement déclarer,

décliner notoirement, nom, prénom, adresse postale et numéro de téléphone au contrôleur qui les consignera au vu et au su de tous les camarades présents, sur une feuille.

Le contrôleur est un personnage certes épisodique, mais puissant, choisi par des autorités lointaines, mais régaliennes. Apte à en imposer à la gent collégienne.

Un quadragénaire pourrait manquer d'assise comme de radicalité : trop proche de la génération des parents. Un quinquagénaire semble mieux correspondre à la fonction ; plus encore si un brin rébarbatif et d'une corpulence affichée, sans excès, mais sans complexe. Un sexagénaire *a contrario* n'est pas sans risque : pourrait faire rire à ses dépens – contre-performance regrettable – par les indiscrètes prémices d'un déclin débutant. Le trentenaire quant à lui est à exclure : trop grand frère ou sa variante de l'oncle petit dernier de la fratrie, etc.

Apte à en imposer ?

Mais oui.

Se tenir en cohérence d'image avec une fonction « pénale », puisque le contrôle a partie liée avec la loi et son corollaire, la pénalisation. Camper un personnage crédible sous un éclairage officiel, investi d'une autorité réglementaire forte d'une objectivité incontestable. Suggérer ordre et respect, maturité et responsabilité, en faisant transiter ces caractéristiques symboliques du métier de contrôleur vers des références appropriables, des critères généraux endossables par tous.

Le contrevenant de ce jour, un sur soixante, est un usager bien connu du chauffeur. Blessé en mai dernier (cheville droite) à la suite d'un épisode héroïque imprévu, embarrassé deux semaines durant par une paire de béquilles multicolores, le voyageur clopant ne pouvait qu'éveiller l'intérêt de l'homme au volant. Au cours donc d'un entretien accéléré (équilibriste aussi), le garçon put préciser au baby-boomer assis, sa place essentielle de pivot, ses longs états de service (neuf mois), et redire sa passion pour le volley-ball, en aucune façon entamée par l'accident.

L'interpellation du contrôlé a lieu à un pas de la borne enregistreuse muette, donc accusatrice. Au passage de l'athlète maintenant ingambe, quoiqu'encore sous équipé sous un autre aspect, la tête enregistreuse n'a pas tinté, faute de carte effleurée.

Le bel enfant pris en faute, bras ballants, yeux ronds comme frappés de stupeur, s'en explique :

— C'est mon sac de sport... Ma carte est dans mon sac de sport... Et le sac de sport est à la maison, c'est vrai, m'sieur.

Ah !... Si tous les professeurs d'éducation physique et sportive de France pouvaient savoir, combien d'entre eux rendraient *illico* leur tablier, confondus de honte, étranglés par la faute ! Car oui ! C'est toujours le « mon sac de sport » le premier incriminé et unique coupable. Négligence ? Étourderie ? Imprévoyance ? Précipitation ? Rien de tout cela n'est jamais invoqué. Jamais.

Le contrôleur, ajustable à la tendre jouvence de l'infracteur, absorbe le propos, sans y ajouter le moindre commentaire. Avec patience, fort d'une longanimité, fruit d'une longue expérience. Car ce « mon sac de sport » désolé et désarmant, il l'a entendu mille fois : dans combien de cas l'imputation était-elle véritable ?...

Présentement, le manquement au règlement est patent. Aussi la feuille de papier et le stylo-bille montent-ils de trente centimètres, sous le nez du volleyeur confondu. Tous deux, Bic et papier, vont sous peu entrer en action. La loi personnifiée demande des comptes, et face à elle, toute l'inexpérience de la vie brusquement, est mise à nu : l'enfant désarmé plie devant l'adulte en qui le droit s'incarne.

L'inexorable et inoffensive procédure poursuit sa marche.

— Donne-moi s'il te plaît ton nom et puis aussi ton adresse.

La main gauche du contrôleur soutient le papier vaille que vaille, tandis que la droite étreint le Bic pointe en bas. L'homme de la loi ainsi attend.

Le pivot ne feinte ni ne lutte. Sur ce terrain de malheur où la malchance le cloue, il ne sait plus jouer : feinter, marquer, passer la main, attaquer ou se retirer, oser, vaincre...

Le très jeune homme est sans défense, parce qu'il est sans recul sur ce qui lui arrive. Non pas innocent (il n'a pas de titre de transport en poche), exactement ingénu. Et le voilà qui hasarde, comble de la candeur :

— Mon nom ou mon prénom ?

De cette maladresse virginale, l'inspecteur pourrait se railler, ou s'impatienter. Rompu aux dialogues juvéniles, il se contente de préciser posément qu'il souhaiterait, tant qu'à faire, enregistrer les deux.

Et le minot de s'exécuter.

Lorsque tout fut accompli, contrôleur et conducteur échangèrent un coup d'œil amusé, inaperçu des enfants. Puis le premier, sa besogne achevée, rendit au second la mobilité ordinaire du ramassage scolaire.

En première ligne, le respect dû à l'enfant.

Ensuite seulement, la dette envers la loi.

Méthode distincte

La collégienne accède au seuil avant, dans le premier flux de condisciples tous résolus à l'abordage en règle du bus.

Parvenue à sa hauteur, pour une durée limitée à une poignée de secondes, elle lance au chauffeur un « J'arrive ! » elliptique, avant de disparaître, engloutie par le flot montant, précédée et suivie de compagnons de route pressés de trouver libre une des quarante et une places assises dont le grand véhicule dispose.

Songes-y, lecteur, et gravement : l'extraction du titre de transport, condition expresse du droit d'accès au ramassage, n'est pas pour tout le monde une mince affaire…

Si d'aucuns, et les plus nombreux, l'extirpent bonnement d'une poche de vêtement, d'autres s'y prennent diversement, expérimentant une méthode autre, moins directe, moins linéaire. La jeune fille du « J'arrive ! » appartient à cette seconde catégorie.

Tous les élèves sont maintenant à bord. Tous assis. Tous presque assagis. Tous, excepté l'un d'eux, debout, perpendiculaire au fauteuil où repose un sac à dos sombre et mou. La fouille de l'informe réceptacle commence : une fouille patiente, quoiqu'aléatoire, sans hâte, mais sans ordre, comme à tâtons et à reposées[7].

Il est bientôt l'heure de décoller. Un compartiment dont la fermeture éclair a zippé bâille. La demoiselle y porte une main, y jette un œil, y plonge un bras… Pas de carte ici. Voyons plutôt par là. L'opération se reproduit, autant de fois que le contenant scolaire comporte de poches et compartiments miniatures, généreux, ventraux, étroits, larges, profonds, latéraux, rectangulaires, semi-sphériques. Non, rien encore. Nouvelles palpations, donc autres plongées brachiales, examens recommencés de telle ou telle portion du contenant, mal explorée auparavant. Sondages, tâtonnements, tâtements.

Mais l'heure est venue de prendre la route.

Le bus s'ébranle, l'exploratrice fouille. 100 mètres… 200 mètres… 400 mètres. Et à un moment donné, aussi souhaité

7 Tranquillement, ou mieux, placidement.

qu'imprévisible, à contretemps, mais comme promis, stridule la borne enregistreuse enfin satisfaite !

Carte arrachée au sac.
Jeune fille comblée dans ses fouilles.
Pédagogue revenu de l'ombre d'un doute.

J'ai à mon bord deux adeptes de la méthode numéro deux. Une fille et un garçon. Matin après matin, soir après soir, elle et lui s'appliquent à leur tâche et s'acquittent de leur devoir. Et crois-moi, lecteur, toujours les deux ont tenu parole.

Empathie

« Pourquoi vous avez choisi c'te' boulot ? »

C'est un collégien qui demande, après avoir cédé une place assise et s'être posté à la proue du véhicule, à la hauteur du distributeur de gel hydroalcoolique, dont le support tubulaire constitue un appui adapté à la taille des usagers scolaires, et sans doute pour cela prisé.

Le personnage questionneur n'est pas un inconnu. Le garçon s'est fait connaître de l'adulte – mais à son insu – par la manière très particulière et très acrobatique de présenter, à chaque accès, son titre de transport au valideur planté près des portes d'entrée.

Parce qu'il enserre le sésame rectangulaire dans une modeste pochette toilée pectorale, rattachée au cou par une cordelette trop courte, sous-dimensionnée eu égard à sa stature, le jeune homme doit exécuter, soir et matin, une sorte de salut, déférent, mais difficile. En voici les principales et invariables phases : s'étant d'abord immobilisé, pieds joints, genoux joints, le candidat au ramassage incline le buste raidi par la flexion des jambes, hausse le menton, baisse les yeux, creuse la nuque, saisit de la main gauche la pochette pendante, la dirige sur la surface réactive (verticale !) de la machine enregistreuse, cherche la juste distance buste/borne, finit par trouver cette dernière, l'atteint, la touche, déclenchant alors un permis de circuler conquis de haute lutte.

Cette espèce de salutation-contorsion n'a pas sa pareille. L'effort et l'inconfort dont elle s'accompagne ne semblent ni modifier la procédure ni rebuter l'usager, apparemment voué à une forme de rituel immuable…

Le conducteur, qu'une précédente profession a rompu aux interpellations de la jeunesse – période paradoxale riche en contrastes où timidité et radicalité s'entrechoquent – attentif à la teneur de la question et la possible puissance de ses mobiles, choisit sur-le-champ de répondre le plus sincèrement possible.

« Pourquoi j'ai choisi c'te boulot ? Parce que j'aime conduire, et parce que je n'aime pas être seul. »

L'adolescent écoute. De ses deux oreilles. De tout son corps, dirait-on. Immobile. Recueilli. Et continue d'écouter après que l'adulte a parlé. Absorbe, pour tout dire. Profondes secondes. Puis en guise de prise de congé, prononce un « ça m'va » et retourne s'asseoir à l'arrière.

Le collège est là. L'autobus se gare. Les enfants descendent. En suite de quoi les portes jumelles au pourtour caoutchouté se rejoignent dans un claquement mécanique presque brutal.

Pendant que le véhicule déchargé se prépare à quitter l'arrêt, sur le trottoir, un petit signe « Au revoir » de la main gauche s'esquisse : il salue celui qui, derrière les vitres, est en effet retourné à c'te boulot de chauffeur de bus.

Même lieu, même bus, mêmes protagonistes… dix mois plus tard. (Dans l'intervalle, rien ne s'est passé, sinon le « Bonjour » et le « Au revoir » quotidiens.) L'enfant, lui, a dépassé sa mue et laissé la petite pochette à la maison. C'est un jeune homme redressé qui se présente…

Assoupissement

Conte

Il était un jeune homme s'en allant en classe assoupi. Un jeune homme parfumé au fond du bus, d'abord assis, plus tard au sommeil assigné. En partance pour un autre voyage, un but contradictoire, un désir incompatible…

Soliloque

J'ai manqué conduire jusqu'au dépôt un collégien que la route de chez lui au CES[8] avait plongé dans un fameux roupillon ! Les jeunes ne dorment plus assez, c'est bien connu !

Témoignage

Eh les gars ? C'matin, j'me suis endormi dans le bus ! C'est le clic des portes qui m'a ranimé. Tout le monde était descendu. Ah, les salauds ! Pas un pour me prévenir ! Alors, j'me suis levé comme un zombie, le bus roulait déjà ! Le chauffeur a bien voulu s'arrêter et m'ouvrir. Sympa, le mec. Et moi, ric-rac pour la sonnerie.

Admonestation

Bus soporifique ! Toi qui de la gent studieuse ravis honteusement et malignement l'énergie quotidienne nécessaire ! Rends donc à la jeunesse en route ce que tu lui as dérobé : la maîtrise du corps et la conduite de l'esprit ! Et toi, berceuse carcasse, reviens vite à ta fonction première… sinon gare à la casse.

Diversion

On roule. On roule. Et lourdement.

La route est familière.

Le circuit est connu, la course est aisée.

Mais quelque chose manque…

À bord, les enfants sont fatigués, sans exception, ou, pour mieux le dire, les proies désarmées d'un abattement général. Le temps sans doute avec ses volte-face irrespectueuses, à la fin énervantes… Alors, un zeste de fantaisie, oui, un soupçon d'insolite nous ferait du bien en ce jour de renonciation.

Fin d'après-midi de novembre : le déclin du jour déjà. Tous les visages sont les mêmes, mornes et figés. Tous les corps se ressemblent : impropres au mouvement, inaptes à l'action, sans pulsation, privés d'élan, vidés de vitalité. Ce petit monde véhiculé, de retour à la maison, présente tous les signes d'un abattement collectif avancé. Un mal insidieux, une pesanteur invisible

8 Collège d'Enseignement Secondaire.

l'étouffent dans le cocon malsain d'une lassitude invincible. Quiétude frelatée, purement extérieure.

Mais qu'y faire ?

Notre destination droit devant : le village, à deux kilomètres. Un ruban noir y mène, sans histoire, sans surprise, sur la ligne aujourd'hui enfouie d'un chemin de terre qu'aucun obstacle naturel, que nulle fantaisie cadastrale jamais n'empêchèrent de s'étirer, platement, d'un village au suivant.

Le vieux bourg habite sur la colline. S'y posent en gradin les maisons du siècle passé, à trois niveaux souvent, mais toujours grises, austères, comme le veut la Lorraine durement éprouvée et dure au mal. Plus rares, plus basses, les habitations antérieures des XVIIIe et XVIIe siècles, qu'un œil averti reconnaît.

De part et d'autre du dôme cultivé pour ses vignes, puis creusé pour son fer, deux excroissances récentes sont venues s'ajouter. Deux extensions immobilières flanquent désormais la vieille colline : deux lotissements uniformes aux toits plats et répétés.

Sur la modeste route, personne : l'heure n'est point encore celle des processions de masse continues et prévisibles.

Dans mon dos, quarante statues juvéniles emmitouflées se laissent porter, extérieurement sereines, indolentes au fond.

Mais qu'y faire ?

On roule. On roule. Platement. D'une facilité sans attrait, d'une aisance sans intérêt. Sans aiguillon.

Mais qu'y faire ?

Le caractère incolore du morne déplacement n'implique évidemment pas la répudiation de la vigilance du conducteur, la forme la plus tendue de l'attention. Au volant, tout peut arriver, absolument tout, du plus terrible au plus cocasse. Une fraction de seconde suffit au basculement. Eh bien, voyez comme vont les choses : ce qui devait arriver arriva...

Un jeune homme[9] extrait du fond du bus et s'étant approché du poste de conduite, les yeux dans le vague, déclare :

— M'sieur... Il y a une pierre dans le bus.

— Allons bon ! me dis-je dans ma barbe...

La voix qui m'a interpellé est anormalement neutre, le ton dépourvu d'affect, étrangement lisse, atone... comme si, ayant parlé, l'émissaire étonnant s'en remettait totalement à moi des suites à donner à son message pour le moins atypique.

---

9 Protagoniste connu ! Reportez-vous vite au texte *Empathie* page 25.

Prenant secours auprès du paysage (je nous imagine collectivement désignés pour livrer la pierre d'angle du futur troisième lotissement...), je décide de mettre à l'épreuve mon lanceur d'alerte, par là même où il tente peut-être de me prendre au piège : voudrait-il donc, si cette manœuvre est humainement possible, porter et apporter jusqu'à l'aplomb du valideur, la pierre extraordinaire ?

Le découvreur ne dit mot, opère un demi-tour gyroscopique, puis s'en retourne quelque part dans l'habitacle. Un temps anormalement long, compte tenu de la localisation déjà effectuée du minéral, me fait perdre le fil de cette histoire de minéralogie plus que douteuse.

La colline gagne en verticalité tandis que les deux lotissements semblent s'élargir. Phénomène quotidien.

La dépose des élèves va commencer, échelonnée comme d'habitude sur cinq arrêts.

Schéma connu, rebattu et excessivement morose.

Mais qu'y faire ?...

Un somnambulique adolescent réapparaît à mes côtés. Non pas en portefaix ployé sous le poids du roc, mais en collégien ordinaire, franc de tout corps solide rappelant de près ou de loin la pierre à bâtir ou la pierre de taille.

Entrouvre alors, doigt après doigt, du pouce à l'annulaire, une paume tournée vers le plafond, paume progressivement étirée au milieu de quoi je finis par distinguer... un gravier.

— Elle nous alourdit beaucoup, comme tu vois... Essaie de la jeter au-dehors, au prochain arrêt, s'il te plaît.

Me croirez-vous ?

Au prochain arrêt, après descente chancelante des usagers ensommeillés, comme je l'avais ironiquement suggéré, l'indésirable pierre fut rejetée dans la ténèbre extérieure. D'une main non plus respectueuse, mais dédaigneuse, d'une moue d'écœurement accompagnée d'un mouvement dégoûté du bras, son découvreur fit exactement ce qu'il fallait pour qu'elle allât rejoindre la misérable noria minérale du caniveau.

Ce fut un pas de danse dans un engourdissement.

Un simulacre contre une désolation.

Une acrobatie contre une ankylose !

Merci à l'inventif et facétieux voyageur scolaire pour la construction (conception, mise en scène, parole et gestuelle, exposition et dénouement) de cette si plaisante et salvatrice mystification.

Rude matin d'hiver !

Les quarante minutes qui séparent le plus lointain arrêt joliment nommé « Petit verger » du second collège desservi n'auront pas suffi aujourd'hui. En cause, un afflux inhabituel de clients et une chaussée inconstante, par endroit glissante.

Le retard est un phénomène plastique : extensible. Augmente à proportion du désir qu'on a de le voir se figer. Non-stationnaire tant qu'on n'est pas parvenu au bout de la séquence. Monstre à métamorphoses proliférantes, impossible à juguler. Incoercible allongement qui s'affirme à mesure que le temps passe, et s'aggrave au fil de secondes insaisissables.

Croît à mesure que la distance restante décroît : là est le motif illusoire d'une tentation presque toujours vouée à l'échec. La lutte contre le retard est un match rarement gagné. C'est pourquoi on n'affronte pas le retard pour triompher de lui. Le surcroît de vitesse qu'on peut lui opposer tout au plus ralentit son extension, freine une expansion qui n'a de terme qu'au moment ultime de l'arrivée. Engager un corps-à-corps avec un retard (risquer une course contre la montre), vouloir briser son insatiable dilatation, c'est entrer dans une logique trompeuse, à très haut risque, et s'y fourvoyer presque immanquablement… Tous les professionnels de la route le savent : en transport en commun, le temps perdu ne se rattrape que très très rarement. Nos véhicules ne sont pas configurés pour ce genre de performance ; quant à nos passagers, s'ils ont effectivement droit à notre ponctualité, ils jouissent d'une autre prérogative, plus précieuse encore : celle d'arriver à bon port à l'issue d'un déplacement routier confortable et sécure…

Bref, de toute évidence, il y aurait du retard dans le ramassage, en ce petit matin de décembre si proche de Noël.

Tout alla normalement jusqu'aux deux ultimes kilomètres. Puis, tout bascula.

« Aujourd'hui, on bat tous les records ! » Voilà, textuellement, ce que claironne à mon oreille droite un petit blond de trente-cinq kilos (lunettes comprises) qui vient de monter (arrêt « Marronniers ») et qui, enhardi par d'anciennes habitudes, effectue régulièrement le petit trajet qui le conduit au collège, à la proue du bus.

Ce héraut heureux n'est pas seul. Un camarade, lui aussi issu des « Marronniers », l'épaule dans sa tâche de contrôleur-crieur. Tous deux ont en effet les yeux rivés sur le tableau de bord, dont la montre digitale, c'est vrai, galope au-delà de l'horaire ! L'écran du smartphone embarqué, planté très à ma droite, autant dire sous le nez des deux inspecteurs, confirme s'il en était encore besoin un décalage inusité, exceptionnel de cinq… bientôt six minutes !

Le scoop du jour, que deux voix énoncent et commentent à loisir, vole donc de siège en siège, jusqu'aux cinq fauteuils du fond, d'ordinaire hermétiques aux aléas et autres micro-événements engendrés par la circulation, car bien trop occupés à de grandes affaires : transactions de bonbons, contorsions diverses, postures gymniques choisies, conciliabules, gloussements, etc.

Aux deux crieurs publics, inexorables censeurs, j'ai beau exciper de conditions météo déplorables (verglas résiduel à l'orée d'un village, poétiquement accroché au penchant glissant d'une colline) d'une part, faire valoir d'autre part l'affluence exceptionnelle d'une clientèle disséminée sur plusieurs points de passages, non, rien n'y fait.

« Aujourd'hui, on bat tous les records ! »

Cette enfance est sans pitié.

Conte de Noël

C'était peu avant la Noël. J'étais ici, à Bouxières-aux-Dames, que je n'ai pas quitté depuis le commencement, depuis la fondation des Dames il y a de cela mille ans[10], et que je fréquente jour et nuit, moi, l'esprit du lieu, pour le bien des gens de l'insigne colline.

J'étais donc là, comme toujours, et j'ai tout vu. Aussi, raconterai-je comme je l'ai vu, en vérité, pour l'élévation du cœur de ceux qui, de Bouxières ou d'ailleurs, me liront.

Or donc, je commence.

Le soleil ne s'était pas encore affranchi de la pâle aube, si paresseuse, si lente en cette saison de tenace obscurité. Plus vigoureux que ceux des hivers passés, les frimas cette année-là sertissaient la colline d'un anneau de brouillard et de givre, assez

10 Note de l'auteur : 1086 ans, l'acte de fondation de l'abbaye des femmes remontant au 13 janvier 938. Après les moniales viendront les Dames, chanoinesses de Bouxières. L'esprit semble donc confondre les premières arrivantes moniales et celles qui, du XIIIe au XVIIIe siècle, leur ont succédé.

semblable aux Noëls d'antan, blanc, dur et mouillé. Une nuit interminable, une nuit écrasante luttait – puissances inégales – contre un jour tout juste sorti des langes, incertain de ses forces prochaines, incapable encore de croire en sa victoire pourtant imminente sur l'obscurité souveraine.

Il n'en fallait pas plus, vous en conviendrez, pour retarder d'une précieuse petite minute la Demoiselle, d'ordinaire si ponctuelle, et si exacte en toutes choses.

Ce matin-là, enténébré entre tous, le bus passa sans elle. Il avait comme de juste immobilisé sa longiligne carcasse bicolore au lieu-dit « Marronniers », ainsi nommés en souvenir de ceux qui, autrefois, frères des tilleuls du monastère au sommet, ombrageaient, nourrissaient et réjouissaient au bas du versant le petit peuple de Bouxières.

Richesses oubliées et charme inégalé des jours anciens ! Mais ne nous égarons point...

Du carreau de sa fenêtre, la Demoiselle avait fort bien reconnu le véhicule quotidien avec son flanc piqué de cinq flammèches orangées, et c'est d'un pas redoublé, avivé par l'espoir, qu'elle jaillit de sa maison chaude, et courut, courut, dans la nuit et dans le froid, là où, pensait-elle, elle avait encore une chance de l'attraper. C'était une Demoiselle réfléchie et active, avisée entre toutes.

Ses efforts furent couronnés d'un premier succès : elle était en effet parvenue cinquante perches[11] après « Les Marronniers » au bord du chemin qui mène à l'école, au pied d'un feu sans fumée appelé tricolore en Lorraine et qui, m'a-t-on dit, règle en Lorraine et bien au-delà la circulation automobile, au moyen d'un code de couleurs trop long à expliquer ici.

L'autobus sorti du village devait ensuite et nécessairement passer devant la Demoiselle. La chance lui sourit une seconde fois : le tricolore rougit à l'instant précis où la voiture oblongue arrivait à sa hauteur. La masse en mouvement stoppa à l'injonction du point lumineux. Ainsi dit le code.

Je me souviens avoir entendu le heurt mat et répété d'une main sur la vitre intérieure, manifestant à la Demoiselle encore au-dehors que quelqu'un à bord l'avait aperçue. Le pilote commanda aux portes de s'ouvrir, par le biais d'une pression digitale sur une excroissance ronde et rouge (les gens modernes aiment

11 Note de l'auteur : la perche lorraine en usage jusqu'à la Révolution de 1789 mesurait 2,92 m. Cinquante perches d'alors font donc cent quarante-six mètres actuels.

décidément le rouge), et la Demoiselle put se hisser, une planchette en main, dans le chaud de la patache.

Le lendemain, à l'heure prescrite, je me trouvais planant au-dessus de l'arrêt des « Marronniers » que j'affectionne tout particulièrement, comme j'ai dit. La demoiselle y attendait, non plus pressée que diligente, mais sérieuse et sage.

À la barbe des écoliers (si je peux le dire ainsi), je me tassai au fond de l'abribus. Au fil des siècles, je prends de moins en moins de volume. Un esprit, même immatériel par essence, doit apprendre à se faufiler, pour le bien des humains autour desquels il gravite. À l'ouverture des portes, la Demoiselle fut la première. Et un immense sourire – sourire de gratitude – éblouissant la nuit rayonna du visage de l'enfant jusqu'au visage du navigateur.

Si ma mémoire ne me joue pas un vilain tour (elle fonctionne depuis dix siècles), c'est une semaine plus tard, jour pour jour et jour anniversaire, alors qu'une nouvelle année s'ouvrait à la vie, que la Demoiselle sauvée aux confins de Bouxières-aux-Dames déposa sur le sommet du portillon, là où le client de passage règle la course, nulle monnaie sonnante et trébuchante, mais un gros paquet de délicieuses friandises colorées (beaucoup de rouge là aussi), qu'elle assortit d'un « Tenez » laconique, mais ô combien reconnaissant.

Voilà ce que j'ai vu et voilà ce que je voulais dire.

L'École est irremplaçable et l'Enfant est doué de bons sentiments.

Alors, quand le conducteur (le *pédagogue*, disaient, je crois, les anciens Grecs) est capable d'assurer la liaison, un bien caché se dévoile, puis s'échange et augmente d'être partagé.

Jour d'étrennes

— Mais pourquoi ?

— Parce que vous êtes le meilleur !

C'est en ces termes essentiels et sans réplique qu'un chauffeur affecté au ramassage scolaire se retrouve un beau matin (7 h 57) devant un collège ordinaire, d'une main émue réceptionnant deux cents grammes de bonbons-chocolats belges, résolument extraits du sac à dos d'un usager, sans doute très sensible au service de transport dont il est un bénéficiaire régulier.

Pour ce conducteur brusquement étrenné (ce 12 janvier), la sempiternelle corvée des papiers chaque soir ramassés prend soudain une autre dimension !

Le voici, lui aussi, promu au rang de consommateur de confiseries déballées dans le bus !

Hier encore, nettoyeur triste et résigné… Aujourd'hui et depuis ce matin, probable dégustateur… mais pas imitateur.

Rester en vie

Petit matin frisquet. Janvier réfrigéré. À peine plus de sept heures. Colonne de mercure surbaissée, sous la ligne de flottaison du zéro. Entre chien et loup, la route ni noire, ni blanche, ni grise, née de la lumière des phares, consent à exister, provisoirement, parcimonieusement, puis obstinément disparaît sous les roues prudentes du lourd véhicule.

Depuis plus de dix kilomètres, distance qui relie le dernier village au collège, je lève le pied.

Sur la départementale assoupie (mais non assagie), la neige tombée d'hier s'est entêtée : elle prolonge son existence terrestre sous la forme de longues crêtes droites et blanches, de quelques centimètres d'élévation, particulièrement nombreuses au centre et au bord de la chaussée, montagnes en miniature disposées en chaînes quasi parallèles, que le bus aplatit deux fois.

Plus nous nous rapprochons du terminus scolaire, plus le retard sur l'horaire habituel s'étire. Tout à l'heure, déjà deux minutes, décalage admissible, compatible avec là-bas la sonnerie du début des premières classes. Maintenant, « -3 » s'affiche au smartphone embarqué (entendez trois minutes de retard), bientôt quatre, sans doute cinq à l'arrivée, selon l'état plus ou moins hospitalier du ruban, à chaque tour de roue conquis à cadence récalcitrante.

J'écarquille les yeux. Voulant mieux voir et vaincre, me voilà penché sur le volant, la longueur des bras fléchis autour de l'instrument principal de ma navigation, scrutant le plus petit indice émergé du diabolique verglas. Car de la neige, passe encore : une allure adaptée et une patience éveillée le plus souvent y remédient. Mais son cousin verglas, diamantin, mais camouflé, transparent impénétrable, est toujours traître. Et intraitable.

Derrière, les enfants grands et petits sont immobiles et silencieux. C'est tout juste si un écran lumineux de poche, pas même deux, au fond à gauche, remue, sans s'agiter, sans déranger l'engourdissement inusité qui règne ce matin parmi la clientèle collégienne.

Feux de croisement/feux de route et vice versa : la chaussée s'allonge et se raccourcit selon la cadence des véhicules croisés. Depuis dix minutes, quelques voitures seulement, des conducteurs desquelles chacun de nous perçoit la vigilance accrue et légèrement inquiète.

Je travaille, secondé par plusieurs auxiliaires électromécaniques. Outre le sélecteur de vitesses forcé et le frein de service augmenté du ralentisseur, un domino supplémentaire est activé au tableau de bord : il commande le ralentissement de toute roue motrice qui, manquant d'adhérence, commencerait à patiner...

Trois jeunes filles se sont postées sur la plate-forme avant. Entre les deux portes vitrées d'accès et mon petit portillon-comptoir, elles sont là, debout, bien ensemble et unies comme jamais par les circonstances présentes. Toutes trois en effet m'ont d'yeux que pour la route devenue spectacle. Hier ignorée, mais ce matin vrai sujet d'observation. Six yeux regardent donc l'asphalte inhabituel : non plus lisse et sûr, ordinaire et sans intérêt, mais marbré, bossué, truffé d'excroissances cristallines aux pieds desquelles l'eau de la nuit froide s'achemine en canaux ramifiés vers des destinations illogiques, au hasard de la surface roulante chahutée par l'hiver.

Cette métamorphose, chaque seconde recomposée, les attire et les émeut, je le devine. Toutes trois placées de front et qu'une unique silhouette semble confondre, regardent l'inaccoutumé, et le risqué. Toutes trois, que le réel hivernal placé devant la vitre inquiète et réjouit, fixent des yeux le sol tantôt dévoilé, tantôt dérobé, si riche d'imprévus ce matin... Alors une parole jaillit à l'adresse des camarades conglomérées : « On se croirait en avion !! ». On acquiesce sans rompre le silence. Le chauffeur profite de cette sortie – et d'une zone enfin mieux dégagée – pour donner de la voix.

— On sera un petit peu en retard ce matin...

Une demoiselle rétorque :

— L'essentiel est de rester en vie.

L'homme de proue

Il est monté, passager inhabituel, un petit d'homme de deux coudées neuf pouces.[12]

Pour toute entrée en matière, a demandé d'être déposé « Place de Malleloy », puis s'est tu, hermétique, figé face au pare-brise que ses yeux semblaient percer, main gauche cramponnée au tube du distributeur de gel hydroalcoolique. Le chauffeur s'est alors inquiété de savoir si l'usager inaccoutumé était apte à reconnaître de lui-même l'arrêt notifié par lui. À sa réponse immédiate et du reste parfaitement affirmative, le professionnel l'a logiquement invité à aller s'asseoir, ajoutant tout de même :

— Tu n'auras qu'à appuyer sur le bouton juste un peu avant l'arrêt « Place de Malleloy ».

L'enfant, soudain alarmé :

— Quel bouton ?...

Le conducteur, repris par les soins de la conduite, a certes répondu, mais promptement et trop peu. L'enfant toujours debout n'a pas bien compris et pas obtempéré.

Le novice a pris racine. Tel un bleu sa première garde.

Au cours du petit trajet qui, pour la première fois, relierait l'enfant nouveau à l'école du village, une authentique transfiguration s'est produite en lui.

Vite dédaigneux du bouton (vile servitude en somme du transport urbain), le garçonnet isolé (déjà familier du lieu par sa proximité avec le machiniste) s'est mué – ce fut l'affaire d'une minute –, attentif et concentré, en un cicérone accompli, adéquatement posté à la pointe directrice du véhicule, dont il paraissait surveiller, accompagner, parfois même prévoir les diverses évolutions dictées par les sinuosités de la route et les nécessités de la circulation.

La grande Histoire, elle aussi, raconte qu'un jour, un très jeune garçon guida un homme très âgé ; celui-ci s'appelait Anchise, celui-là avait nom Énée... Mais n'imposons pas ce parallèle aux deux héros mythologiques, ne réveillons pas leur sommeil millénaire et mérité. Toute tentative de rapprochement avec ce qui fut leur geste[13] immémoriale serait ici, en ramassage, impardonnable usurpation.

---

12 Soit approximativement 1,20 m.

13 Ici, le mot geste est féminin : comme au Moyen-Âge, il désigne l'ensemble des exploits d'un personnage illustre.

***

Depuis une année, l'homme de proue roule[14].

Présent là où il était présent le premier jour.

Égal à lui-même.

Plus détendu aussi, l'expérience aidant…

Quant au bouton suggéré, l'homme de proue, promu à la dextre du pilote, continue de l'ignorer, laissant ce menu détail à d'autres.

Cadeau gastronomique

À l'occasion du début
Du congé de février,
Au chauffeur : une chouquette.

Cette pseudo-strophe amarrée à trois pseudo-heptasyllabes (non rimés) n'en relate pas moins des faits prosaïques et véritables.

Son contenu (que le troisième vers résume) inflige un puissant démenti au reproche d'ingratitude si souvent assené par plus vieux qu'elle à la gent adolescente.

Développons.

L'auteur de ces lignes, récipiendaire de la viennoiserie susnommée (une parmi plusieurs tapies au fond d'un cornet blanc un instant tendu vers lui), s'engage à fournir à quiconque toute précision expresse et probante sur le lieu et le temps de ce moment aussi imprévu que réconfortant, magique et solaire.

Nota bene

Le cas, sans être fréquent (une fréquence élevée serait suspecte…), n'a pourtant rien d'exceptionnel. Plusieurs collègues versés dans le métier du ramassage scolaire ont rapporté des faits semblables d'attention et de générosité juvéniles. Dans ce cadre, les bonbons arrivent en première ligne des libéralités collégiennes. Plus loin derrière, quelques dessins, parfois même une peluche…

14 Lisez *Poussée de Printemps*, page 65.

Offre d'emploi

On accourt à mon approche !!
Quel beau métier que le mien

Nul ne voudrait me manquer !
Quel beau métier que le mien

Qui pourrait en dire autant ?
Quel beau métier que le mien

Et si je fais quelque envieux
Quel beau métier que le mien

– À l'heure, en forme, prudent –
Quel beau métier que le mien

Que chauffeur de bus il devienne !
Quel beau métier que le mien.

Du délai

Le village n'est plus très loin, mettons trois cents mètres. Un passage aménagé en signale l'entrée qui, par sa configuration étranglée et coudée, entend modérer l'allure des véhicules parvenus à sa hauteur. Cent mètres en amont déjà, une ligne de dissuasion décourage à cet endroit le dépassement. Double dispositif habituel, logique et cohérent. L'usager de la route dispose alors d'une à deux minutes pour descendre sa vitesse de 70 km/h à 50.

Or, précisément, voici qu'une camionnette rageuse me double. L'impatience du conducteur est patente dans la façon dont le véhicule cubique danse en déboîtant, coupe le pointillé, maintient son allure sur la voie opposée, mais bientôt pris par le temps, se rabat brutalement, entre la chicane et l'autobus.

Initiative à haut risque ! Monsieur ou madame aux manettes joue avec le feu...

À bord, les enfants n'ont rien remarqué d'autant plus facilement que j'ai conservé gentiment trajectoire et décélération amorcées cent mètres plus tôt.

Dix kilomètres plus loin. Vingt minutes plus tard...

J'aborde un giratoire que je connais bien pour l'emprunter tous les jours et aux mêmes heures : vaste dispositif, extérieurs larges et dégagés, terre-plein central à peine bombé, visibilité plus que convenable, périmètre généreux, distance circulaire longue. Donc m'y engage, à vitesse modérée, voulant profiter de l'allant acquis. J'ai fort bien vu le semi-remorque chargé, sur ma gauche. Cinquante mètres nous séparent. Sa vitesse est assez lente, mais ni traînarde ni indécise : le camionneur évolue dans une courbe qu'il n'a pas l'intention imminente de quitter. Le poids-lourd progresse de ce fait modérément, mais de façon claire et explicite, sur une allure adaptée et qu'il s'emploie, comme moi de mon côté, à lisser.

C'est lui qui a la priorité, d'évidence. Je pourrais par conséquent ralentir. En réduisant d'un petit tiers mon allure, je maintiendrais mon véhicule à l'extérieur du rond-point : je lui dois le passage ; le lui cède ; il passe avant et devant moi ; je lui emboîte le pas sitôt après sur voie parfaitement dégagée.

Scénario propre et sécure : respectueux du code, ajusté à la circonstance, facile à obtenir.

Mais non : je maintiens mon tempo et entre dans le giratoire, perpendiculairement au 44 tonnes.

Presque aussitôt nécessairement, je lui présente le flanc gauche du bus... à vingt mètres de son pare-brise et une poignée de secondes après, la poupe, par nos déplacements conjugués encore plus exposée...

Nos deux allures quasiment égales rendent possible l'évolution quasi synchrone de nos deux grands véhicules.

Ça passe, comme on le dit quand l'issue est favorable...

Il n'a pas freiné, pas dévié sa trajectoire. Lui non plus.

Seul « souci », déclencheur chez moi (chez lui, je ne sais) d'une onde de peur brûlante : la distance un bref instant trop courte entre bahut et bus.

Je suis allé « chercher » un camarade routier : ma présence imposée a dégradé une situation d'abord sécurisée devenue par ma faute critique. Prise de risque rétroactivement injustifiée, idiote même, absurde. J'ai engendré un danger en tout point évitable...

Voilà quels ont été les moments éprouvés, leurs conséquences entr'aperçues, et chez moi, une crainte sitôt surgie, sitôt évanouie. Les choses par conséquent auraient pu en rester là... Mais justement pas en ce petit matin-là de janvier.

Retour sur les deux séquences qui ont immédiatement suivi ces faits.

Le camionneur a klaxonné le temps d'un coup bref ; quant à moi, j'ai déclenché un appel de phares volontairement tardif : deux réactions intentionnellement retardées. Dépourvues de cette agressivité si facile à déployer derrière la vitre, à l'abri dans l'habitacle. Et à rebours de l'impulsivité épidermique ou vengeresse.

Lorsque la fourgonnette est passée devant mon nez, je l'ai laissée filer un petit temps au bout duquel j'ai commuté les phares pour un appel court et unique. Non pour l'éblouir lui, mais pour m'exprimer moi.

Lorsque je me suis retrouvé devant le semi-remorque, ce dernier n'a d'abord rien manifesté non plus. Quelques secondes se sont écoulées avant que son avertisseur sonore ne s'active. Non pour m'assourdir, mais pour s'exprimer à son tour.

Un petit décalage temporel aura donc permis, en deux circonstances séparées, de transformer une réaction à chaud en une communication réfléchie, un coup de sang en un appel à la prudence. Victoire de la rationalité sur l'émotivité !

Un dictionnaire définit le mot *délai* comme le *temps accordé pour faire quelque chose.*

Très simple à comprendre, n'est-ce pas ?

J'ai donné, puis j'ai reçu ce laps de temps, à partir duquel une communication choisie a pu s'établir sur la base de deux situations problématiques, voire critiques...

Au volant, accordons *du* temps, accordons *le* temps, mutuellement, et la conduite automobile aura gagné en sécurité... et en humanité.

Un mot pour un autre

— Tu n'as pas ta carte.

— Si... Mais elle est désamiantée (sic).

— ?... La carte ?

— Oui : désamiantée.

— dés-amiant-ée ?

Lent haussement d'épaules :

— Bah oui...

— C'est donc possible...

Haussement d'épaules bis.

— Eh ! Puisque c'est le cas !

— Alors tu vas le signaler au bureau de la vie scolaire...

Haussement d'épaules parées pour une prise de bec.

— Bah oui ! Quoi ! À la base !

Lui s'avoue présentement perdant.

Et l'heure qui tourne...

Elle part s'asseoir.

Lui reprend sa route avec un retard léger sur l'horaire et dans la tête un intrus lourd.

Car que signifie donc « À la base » qui, comme on vient de l'entendre, clôt cet échange particulièrement stérile ?

Au pied, au bas de : « À la base de cet immeuble, trois cellules commerciales viennent d'être aménagées. »

À l'origine de, au fondement de : « À la base de toute religion, il y a la peur de la mort. »

La jeune fille interrogée semble privilégier un troisième sens non attesté, « À la base » signifiant alors pour elle « À l'évidence, bien sûr ».

Et que dire par ailleurs de l'étrange participe « désamiantée » assené deux fois et deux fois confondu avec le juste et nettement plus inoffensif « désaimantisé », synonyme de « démagnétisé » ?

Mal nommer une chose, disait Albert Camus, c'est ajouter un malheur au monde.

Il avait mille fois raison. Lui parlait sérieusement, alertant sur les méfaits extralinguistiques, relationnels et sociaux d'une langue insuffisamment maîtrisée, truffée d'impropriétés non dénoncées.

Voici, en marge du prix Nobel, une fiction beaucoup plus humble, peut-être risible, illustrative en tout cas des risques encourus suite aux emplois lexicaux erronés.

De l'amiante dans les titres de transport !
Un chauffeur de bus dénonce

La semaine dernière, n'en pouvant plus d'un silence pesant et lâche, un chauffeur de bus bien connu de la population et estimé de tous, mais qui a souhaité garder l'anonymat, vu l'ampleur de ses révélations, est venu s'exprimer dans les locaux de notre rédaction. Cet ouvrier vigilant du ramassage scolaire dit détenir la preuve irréfutable (des dizaines de témoignages concordants d'adolescents disent la même chose, à l'appui) que les cartes magnétiques, dont les collégiens sont dotés, sont bourrées d'amiante, dont chacun sait la toxicité extrême ! Qu'une enquête compétente et indépendante s'ouvre au plus vite ! Que la pleine lumière soit faite sur ce que nous n'osons pas encore qualifier de danger public.

Tout ce laïus bien-pensant et anxiogène eût été évité sans la confusion dés**aimantisé**/dés**amianté.**

Regardez, jeune fille :

a/im/an à gauche – a/mi/an à droite.

IM au lieu de **MI**.

Deux simples lettres interverties, mais quel bouleversement, non ?

Ramassage et ruée

Acte I « Prière »

Ils prient. Des garçons entre dix et douze ans. Exclusivement.

Ici, en cette précise circonstance, nulle fille. Pourquoi ? Mystère.

Alignés, pointe de la chaussure ancrée à l'extrême limite du trottoir, comme on écrase le plongeoir du bout du pied la seconde qui précède le grand saut.

Au-dehors, statufiés de dévotion.

Au-dedans, bouillants d'impatience.

Les coudes sont écartés loin des corps. Les avant-bras horizontaux. Les phalanges jointes. Doigts contre doigts, paumes contre paumes en lesquelles, dans l'instant arrêté de ce figement collectif, tous les corps semblent se résumer.

Leurs visages ? Faces de suppliants et mines de pénitents.

Du grotesque à coup sûr, et intentionnel, bien sûr... Mais quelle réussite groupée que ce mouvement d'ensemble aussitôt formé à l'approche du bus !

Leurs regards, conjurés (complices) et conjurants (implorants) sont fixés, cinquante mètres plus loin, sur celui qui, depuis son trône, tourne et tourmente un volant. Rivés non sur le véhicule qui se rapproche, mais sur son conducteur, grand ordonnateur du moment, et que la cohorte en rang serré tente ainsi d'apitoyer. Parodiquement.

Ils prient, donc. Mais qui prient-ils ?... Le chauffeur de stopper ses douze mètres à la hauteur millimétrée de leur pieuse personne (chacun pour sa pomme, bien sûr). Requête impossible à satisfaire : comment le tourneur de volant que ces faux dévots adjurent pourrait-il exaucer la supplique aussi unanime qu'égocentrée ?! Or donc, c'est en parfaite neutralité professionnelle que le bus du ramassage scolaire se range, souverain – incorruptible – le long de la bordure médiatrice de deux univers : celui du désir déguisé en intercession, celui du confort personnel.

Expliquons ces derniers termes.

100 pieds, parfois 120, attendent l'arrivée du bus de 15 h 36. Ordonnancement rituel et simulacre dévotieux, on l'a dit. Mais quel est l'aiguillon profond de cette pseudo-ferveur ?

Comptez et vous saurez : calculez, c'est-à-dire divisez par deux... Vous venez de comprendre... Oui. L'autobus dispose de 41 places assises offertes à celles et ceux qui, depuis l'aube, puis sous divers plafonds du collège, sont demeurés... assis. De telles habitudes imposées par les apprentissages sont fort difficiles à perdre. En milieu d'après-midi, le pli est pris.

Le grand véhicule s'immobilise en un léger salut de la proue un instant ramassée sur elle-même, puis, majestueuse, retrouve son assiette ordinaire. Les deux portes vitrées consacrées à la montée des usagers s'ouvrent, s'écartent et s'effacent, comme au théâtre le rideau rouge : le second acte de la comédie peut commencer.

Acte II « Pugilat »

Les plus proches voyageurs, à qui échoie la faveur (toute fortuite donc) de se trouver pile devant l'huis, changent brusquement de costume de scène. L'orant se fait alpiniste. Métamorphose fascinante.

Après l'imploration, la ruée.

Les chanceux attaquent, de front, font le gros dos, bien décidés à contenir l'informe, l'infâme poussée humaine qui, derrière eux, enfle et gonfle. Ces élus, que le sort vient de désigner premiers et pionniers, baissent la tête, raccourcissent le cou. Tendant devant eux deux, sinon un bras vers un appui certes invisible, mais hypothétiquement secourable, ils lèvent aussi vite qu'ils le peuvent un pied, un seul (le plus souvent le droit, mais il y a des exceptions), aussitôt arrimé à la barre de seuil (à toute épreuve) du véhicule, éperon ultime grâce auquel ils pourront hisser finalement toute leur personne à bord.

D'autres candidats, moins chanceux puisque retranchés sur une seconde ligne, leur emboîtent le pas, coup sur coup, augmentant d'un cran la pression des corps confondus.

Alors, une troisième et dernière vague, en ordre plus dispersé, se substitue à la précédente, presse à son tour le pas et se jette sur le plancher d'acier qui une fois encore fléchit.

À ce stade, quelques voix venues de la population la plus paisible des scolarisés encore dehors s'élèvent. À travers elles, la majorité collégienne proteste contre la précipitation d'une minorité de garnements égarés dans un combat aussi ridicule que dérisoire.

Il est temps de tuer la ruée.

Le règlement intérieur qui régit le transport collectif, la dignité de chaque enfant et l'opinion majoritaire le requièrent.

Du haut de son siège (élément indispensable du décor), le chauffeur intervient et s'active. Par une parole sans réplique et un bras droit encore invaincu, il stoppe le déversement scolaire, s'assurant des compétiteurs gagnants qu'ils ont dûment, fût-ce d'une dextre preste, présenté leur titre de transport au valideur impassible et stoïque.

Rideau.

Ce retour à l'ordre et à la raison coïncide en effet avec la fin prévue de la représentation.

Seront prioritairement plébiscitées les 25 places situées à l'arrière et exhaussées du fait du 6 cylindres et ses périphériques. Les 16 sièges restants accueilleront des voyageurs plus raisonnables, majoritairement féminins, ou plus âgés. Quant aux derniers – et en contradiction avec la promesse christique –, ils ne connaîtront pas les préséances réservées aux premiers, mais circuleront debout, sur une poignée de kilomètres à vitesse très modérée, jusqu'au havre du foyer familial où l'assise domestique (chaise, canapé, fauteuil, pouf, tabouret, pliant, rocking-chair) les reposera d'une traversée malchanceuse.

Il est vrai que le ramassage scolaire inclut la ruée scolaire. Il est juste de souligner que la bousculade décrite ici n'est jamais systématique et jamais agressive. La compétition semble éloigner la bassesse belliqueuse et la rudesse de la mêlée évince la méchanceté.

Les enfants tout au plus s'offrent une comédie en deux actes « Prière et Pugilat ». Comme toute performance théâtrale, la pièce est à parts égales factice et fiévreuse, endiablée et jouée, à mi-chemin entre fiction et vérité.

Le scénario immuable impose un développement en deux moments : une mêlée générale succède à une pantomime grotesque. Un faux-semblant caricatural précède un pseudo-combat collectif.

La durée, le lieu et l'action y sont parfaitement réglés, et auto-réglés. Aristote lui-même (mais si !) eût applaudi à cette scénographie intuitivement comprise et maîtrisée !

Après une minute, pas davantage, tout en effet a repris sa place, est rentré dans l'ordre. Là où précisément il n'y a plus rien à construire, à inventer. Encore une minute, les simagrées initiales comme la mêlée finale seront oubliées des protagonistes, acteurs éphémères, redevenus des enfants rentrant le soir à la maison.

Les gagnants du jeu scénique jubilent d'être assis.

Les perdants se font une raison de ne l'être pas.

Tous auront connu la joie que procurent l'imitation et l'action, par quoi la liberté récompense ceux qui tentent et s'engagent.

Quant aux autres, spectateurs, isolés, hors jeu, ils n'auront pour compagnons que leur commentaire ou leur indifférence...

Latin 2024

Une époque fut où, dans l'esprit de l'intelligentsia française, s'engager précocement dans l'étude flattée des langues anciennes – latin, grec – vous conférait *ipso facto* (si j'ose ainsi dire) une identité scolaire surélevée, une sorte de couronne riche de promesses futures, promesses souvent plus mondaines qu'intellectuelles, du reste.

Il semble que ce temps d'un savoir à forte valeur ajoutée sociale soit désormais révolu, la situation actuelle ayant pris l'exact contre-pied de toute espèce d'élection ou même d'élévation attachée aux enfants qui étudient les langues dites parfois (mais à tort) de haute culture.

La preuve m'en est fournie aujourd'hui même. N'ai-je pas entendu, tombé de la bouche d'un collégien très sérieux, mais bizarrement contrit : « C'est le latin qui m'rabaisse » ?

Ce « m'rabaisse » sonne iniquement aux oreilles. À cette dureté première s'ajoute une obscurité tenace : en quoi, pourquoi, dans quelle mesure la langue de la Rome ancienne pourrait-elle rabaisser (je cite) un jeune Français moderne ? C'est à n'y rien comprendre... sauf à conjecturer que ce « m'rabaisse », mangeur de voyelle et profanateur, relève tout bonnement d'une faute de langue (française, celle-là), source du malentendu. L'hypothèse prend aussitôt consistance pour peu que l'on veuille bien se remémorer le contexte d'où a surgi la phrase assassine…

Le locuteur se tient à la proue du bus. Portable ouvert, il commente, chiffres à l'appui, à l'adresse d'un camarade, ses propres moyennes discipline par discipline. Et la langue de César ne brille pas au sommet de l'édifice évaluatif…

« C'est le latin qui m'rabaisse » n'est que le constat comptable d'un collégien culturellement avantagé, mais qu'égare la prévalence qu'il adjuge aux données chiffrées de son instruction en cours. Persévérance et temps lui ouvriront les yeux sur les vraies valeurs du savoir.

Où et quand !

Aux heures où je l'effectue, c'est-à-dire chaque jour ouvrable en milieu d'après-midi, la ligne « 98 » n'est guère fréquentée que par 8, 9 habitués, immuables, égrenés le long d'une portion de départementale qui ondule paisiblement entre deux gros villages, alors endormis ou dépeuplés. Le jargon professionnel dit ici que « je promène les sièges », allant mon bonhomme de chemin d'un abribus au suivant, rarement habité ou rarement demandé. Comme il n'y a pas affluence ni montante ni descendante, chaque client arrivant à bord gagne aussitôt en présence humaine, en envergure, d'autant mieux individualisé qu'il est distinct.

Un exemple parmi d'autres.

Arrêt « Douaire ». Comme d'habitude, deux jours semaine, l'homme-qui-a-la-haine-de-la-marche est en pourparlers tumultueux avec son interlocuteur habituel, de corpulence, de vêture, d'âge et de contenance si semblables aux siens qu'on les jurerait tous deux jumeaux, frères ou cousins, là où plus vraisemblablement, seule une puissante camaraderie d'école les apparente.

Le bus stoppe : les portes avant s'écartent et se rabattent à l'intérieur de la cabine, perpendiculairement à la chaussée. L'homme-qui-a-la-haine-de-la-marche, dès lors invité à monter, monte, se soumettant à l'effort de se hisser jusqu'à la plate-forme qu'une garde au sol appréciable tient éloignée de la rue. L'enfant présente alors son titre de transport au valideur, qui l'agrée par l'émission courte d'un signal sonore réglementaire, aussi incisif que peu musical.

Les portes se sont rejointes : à présent, deux larges bandes de caoutchouc à toute épreuve séparent la ville ouverte de l'habitacle fermé. Mais qu'à cela ne tienne : par les vitres des portes closes, l'homme-qui-a-la-haine-de-la-marche continue de communiquer (même véhémence, même impétuosité) avec son acolyte piéton demeuré dans la rue. Mimiques, grimaces, gesticulations insolites et d'eux seuls compréhensibles se donnent libre cours dans le silence habité du mime.

L'autobus quittant l'arrêt reprend sa place dans la circulation clairsemée de cette journée paisible… L'enfant, étrangement, décide d'adopter à titre dérogatoire sans doute la station debout, face à la route et derrière le valideur parallélépipédique qui lui sert à présent de soutien. Sa course du reste sera courte, comme toujours : trois, quatre hectomètres le séparent du prochain arrêt « Le nid », sa destination.

Un collégien du service de ce matin a bien voulu me signaler la présence à bord d'un sweat-shirt oublié (cotonnade façon polaire) que je « promène » là aussi en sus des quarante et un sièges du véhicule et de quelques humains de passage que les impératifs de la vie ont rapproché de moi.

Le vêtement oublié est posé sur la plage, longue d'un bon mètre et large d'un demi, située entre pare-brise et valideur, lieu d'exposition idéal aux fins d'une mise en évidence infaillible.

Pour dire un mot (rien qu'un…), enhardi par la proximité atypique du chaland aux pieds délicats, je hasarde quelques bribes visant à expliquer la présence du vêtement égaré.

Ne puis en articuler que cinq : l'homme-qui-a-la-haine-de-la-marche, les yeux soudain durs à percer le pare-brise, commande : « Où et quand ! ». Me voici sommé de préciser, séance tenante, lieu et moment, contingences et circonstances d'où résulte ce qu'il faut bien appeler d'un fort banal sweat-shirt l'immanence accidentelle. Les faits fournis prestement ont l'air de satisfaire le client dont les yeux sévères n'ont pas dévié d'un pouce de leur trajectoire initiale.

Plus que cent mètres avant « Le nid ».

Le passager – je le perçois aussitôt, il est dans mon champ de vision – se déplace vers la gauche, pivote (imperceptiblement) et, surplombant le sommet de mon portillon, lance un regard scrutateur au pied de la colonne de direction d'abord, sur le pédalier ensuite. Puis déclare péremptoirement : « C'est un automatique ! ». Souriant, affable même, j'opine bravement du chef, tout disposé à distinguer un usager scolaire aussi bien renseigné. Mais ce temps m'est refusé. Fuse un triomphant et conclusif « parce qu'il n'y a que deux pédales ! ».

Métiers à envisager pour cet écolier du CM1 : inspecteur, enquêteur, contrôleur, visiteur, vérificateur... avec bien sûr véhicule de service obligé.

Ibrahim, son sac et son ami

Longtemps je me souviendrai du petit visage rond et sanglotant, des joues mouillées, de la bouche incertaine et des hoquets dont le corps était la proie.

Il expliqua – il bredouilla – en mots dispersés, en phrases entrechoquées, autour de camarades saisis par l'émotion, qu'il n'avait plus son sac avec lui dans le bus, un ami à lui lui ayant promis de le prendre avec lui et de lui rendre ensuite dans le bus.

Bref : un collégien débutant rentrant chez ses parents un vendredi après la classe délesté de son cartable et de tous ses effets, « oubliés » au collège...

Un ami ?... Quel ami ? Où est cet ami qui n'a pas tenu parole ? Qui a promis et trahi une confiance d'ami ?

L'ami, je m'en rends compte très vite, se trouve parmi la petite cohorte des écoutants navrés. Silencieux comme tout le monde, debout dans l'allée, légèrement en retrait derrière moi, mais visiblement plus affecté encore que tous. Je le reconnais comme le contrevenant candide.

Il confirme en quelques mots la version de son camarade au visage chiffonné, lequel tout de même et tout d'un coup retrouve un peu d'aplomb.

Un dialogue s'engage alors entre le chauffeur et l'ami.

— Où se trouve le sac d'Ibrahim ?

— Au collège.

— Dehors ou dedans ?

— Dehors, sur le trottoir.

— Ah ! mince... N'importe qui, donc, peut...

(Je n'ose exprimer toute ma pensée, mais tous ici l'ont comprise.)

Mon temps de stationnement est écoulé. Du reste, les derniers clients ont pris place. Le terme de la course n'est pas tout près. Je dois libérer l'emplacement scolaire... L'ami qui mesure parfaitement la situation prend sa décision en un éclair : il va retourner au collège, à pied, en courant (1 kilomètre à parcourir), en volleyeur accompli. Cette déclaration est aussitôt chaudement accueillie : quelqu'un, quelque part au fond du bus, souligne haut et fort une résolution jugée honnête et courageuse.

L'ami revigoré est descendu. Ibrahim ne pleure plus. Une issue au problème se dessine. Nous quittons l'arrêt « Gare ».

La course reprend, sans incident, jusqu'au terminus. Entretemps, Ibrahim est descendu devant son domicile ; à charge pour lui de raconter à la maisonnée l'épineuse difficulté du jour.

Trois jours plus tard, je retrouve à bord les deux protagonistes, porteurs de deux sacs respectifs, et unis. Rien n'est dit de l'émotion passée. Rien non plus de l'action réparatrice qui l'a suivie. Tout est rentré dans le cours normal des choses... quoique pas tout à fait, puisque l'amitié a grandi.

Bus et muscle

Ci-après, trois épisodes qui convaincront le lecteur profane d'une association plus fréquente qu'il ne le croit, en l'espèce, l'adéquation entre véhicule du ramassage et force du corps.

Tableau.

Trois petits mecs, chacun pouvant avouer treize ans d'existence, guère plus. Mêmement vêtus : T-shirt vague, pantalon inutilement ample et baskets à dominante grise. Vont et viennent, on ne sait d'abord trop pourquoi, dans l'espace borné d'une petite surface au sol aménagée, et sommairement abritée. Parlent tous ensemble de s'essayer aux tractions viriles que les deux tiges latérales qui modestement soutiennent la frêle couverture semblent appeler. Planté en bout de ligne au lieu-dit « Rond le chêne », l'abribus retiré de l'agglomération peut s'estimer un brin rustique et les pieds à la campagne. L'absence d'une clientèle ordinaire – je veux dire plus âgée et assise – semble devoir hâter le conciliabule sportif. C'est la fin d'un après-midi d'un mercredi d'avril. Le mercredi est le jour où excellent les expériences extrascolaires. Dès lors, jeux et jaugeages vont ici se donner libre-cours.

L'occasion désirée de se mesurer, avec soi et devant les potes, est trop belle. Le bus passe, sans marquer l'arrêt, puisque ces trois-là, embarqués dans l'épreuve probatoire, dédaignent le véhicule inutile. Et garderont chacun pour soi les résultats tangibles de ces premières révélations de masculinité comparée.

Récit.

L'homme-qui-a-la-haine-de-la-marche, ayant dit une fois au chauffeur son horreur (*sic*) de la moindre déambulation, son besoin de bus, et son intention d'en user, deux jours par semaine, ne fût-ce qu'une minute entre deux arrêts circonvoisins, « pour le repos de mes jambes », avait-il précisé sans rire, est donc réapparu, porteur d'une remarquable cohérence personnelle. Jugez plutôt…

L'homme-qui-a-la-haine-de-la-marche accède à la plate-forme, y règle son trajet, mais, au lieu de s'en aller goûter le confort d'une assise accueillante, avise avec un intérêt méthodique la structure tout en tubes qui surplombe les sièges, notamment les deux longues barres parallèles fixées à l'aplomb des accoudoirs côté couloir, deux mètres au-dessus du sol… Un tel équipement, secourable aux déséquilibres des usagers ordinaires, aimante aujourd'hui le regard du client aux pieds, chevilles, jarrets, genoux et autres mécaniques frileusement épargnées. Notre homme décide de voir devant lui de captivants agrès, tout un équipement de gymnastique à disposition, l'occasion d'exercer trapèzes, épaules, buste, bras, avant-bras, poignets, paumes et phalanges.

Tandis que le véhicule en douceur reprend sa course – à quoi bon forcer l'allure, puisqu'il faudra cesser tout effort de traction un demi-kilomètre plus loin ? – l'homme-qui-a-la-haine-de-la-marche surgit brusquement plus grand, plus mince ! Silhouette étirée, visage rougi, le client est maintenant suspendu au-dessus de l'allée et content d'y être ! Quelques oscillations heureuses et répétées, assez bien maîtrisées pour un débutant, semblent ravir l'usager naguère encore inconditionnel des transports motorisés. Mais si, en pareilles postures, le temps qui passe s'alentit, la distance sur route, elle, ne rétrécit pas. Il faut donc abandonner vite le bus, ses deux barres et ses multiples joies… Le bonhomme, ragaillardi par l'éphémère sustentation, salue le conducteur avant de quitter les lieux un instant exploités à d'autres fins que prévu. En guise du « Au revoir » aujourd'hui trop banal, il lance à l'adulte assis : « Le muscle dans le bus ».

Note de l'auteur.

Gabin, qui ne m'en voudra pas d'écrire ici son prénom que j'ignorais à l'époque, a maintenant atteint les dix ans. Le CM2 est sa classe, « Le nid » demeure le nom de sa destination, ses choix de vie continuent de se chercher… sans qu'il ait été par ailleurs nécessaire de lui interdire d'autres expansions gymniques, lesquelles jamais ne se sont reproduites.

Monologue

Pourquoi pas ? Qu'est-ce que je risque ? Ça vaut le coup d'essayer. On va bien rigoler. Me voilà dehors et dans les premiers : tant mieux, bon signe. Derrière moi, au compte-gouttes, les autres descendent un par un et pas trop vite, car la marche est haute. Disons encore deux minutes pour me préparer. Oui, on va bien rigoler. Mais, bien sûr, je resterai sur le trottoir, très large ici, aménagé pour le collège de l'autre côté de la rue, on y ferait facilement circuler une voiture de plus. Bien parallèle à lui je serai, pas trop près non plus et dans le sens de sa marche (ça, c'est con à dire). Oui : on va bien rigoler. Dès qu'il décolle, je cours, je pique le sprint. J'ai cinquante mètres devant moi, facile. Après, je sais, une petite rue perpendiculaire qu'il faudrait alors couper. Je n'irai pas jusque-là. Oui, on va bien rigoler. Qu'est-ce que je risque ? Le chauffeur ? Il ne peut rien faire, rien dire : je suis sur le trottoir et au lieu de marcher, je cours. Bon. Où est le problème ? Pas de problème !

Je me plante à la hauteur du pare-brise, comme si de rien n'était. J'ai laissé le sac dans les pieds d'un pote, plus loin, en zone dégagée. Ho ! Le dernier vient de descendre ! Les portes se referment. Je mime la position du coureur au départ, histoire surtout de me faire voir du chauffeur. Dans un starting-block virtuel, j'ai engagé mes talons, plié chaque jambe et me penche en avant. Je lance le défi au bus que je sais lent et lourd !

Il m'a vu, le chauffeur. Oui ! Et même me regarde. Encore mieux : il a compris ! On dirait par son visage qui rigole qu'il m'autorise cette course pour rire. Aurais-je donc la permission ? On va dire que oui. Ne pas rater l'occase.

C'est parti et tous les deux !

Je suis un habitué du bus, tous les matins depuis la sixième il y a deux ans, et je connais ses démarrages, plutôt lents (*précautionneux* est le mot juste, je crois). Je sais aussi que, par la succession automatique des premiers rapports, il va bientôt augmenter, et de beaucoup, sa vitesse première. Alors je fonce tout droit. Parallèle, et lui sur ma gauche.

Vingt mètres : on court tous les deux, à égalité. Là, c'est vraiment intéressant. Je donne tout ce que j'ai, tout. Non... Non... Le pare-brise ne me dépassera pas. Pas encore... Pas encore... C'est le top ! Front à front ! Il me semble qu'il accélère moins que d'habitude (?) Le plus beau moment !

Fin du match. Le bus a gagné en vitesse et me dépasse. Je décélère, lui continue. Le voilà prisonnier de la circulation. Le chauffeur maintenant invisible a totalement disparu, à l'avant de la masse de vitres et de tôles qui l'absorbe complètement. Le jeu est fini.

Pour moi, demi-tour, en marchant. Même pas essoufflé. Je vois mon sac et mon pote : décidément, tout va bien, ce matin.

Coup de klaxon dans mon dos. Puis encore un ! C'est le bus qui parle. Vachement bon joueur, le bus ! Je n'avais pas prévu ça...

Le mot du chauffeur.

Exact : j'ai fait un usage disons peu orthodoxe de l'avertisseur, il était 7 h 37 du matin et j'étais en agglomération...

Deuxième chose : le lendemain (même lieu, même heure), les compétiteurs de la veille se sont entre-regardés, complices et heureux. Mais, disons-le tout de suite, la course d'un matin fut sans lendemain. Une régulation a dû s'opérer, toute seule. Une prise de conscience chez le môme. Ou bien, dès le départ, l'intention prévue d'en rester là : une fois, pas deux. Et tant mieux : le jeune n'a pas eu à souffrir de ma part d'une interdiction publique qui devant les copains aurait pu le diminuer.

Variations sur le thème du « J'ai oublié ma carte »

Dur à dire.

Les deux battants vitrés de la porte s'écartent prestement. Une lumière blanche issue du plafonnier inonde aussitôt le seuil. Les deux pans du grand rideau de velours rouge se sont effacés, la rampe vient de s'activer et l'enfant donc entre en scène. Il a longuement préparé sa réplique. Seulement, l'adverbe par lequel la formule débute est bien long et compliqué, sans doute d'un usage chez lui trop rare. L'enfant se lance (car tel est son texte), bafouille, se heurte au grand mot (deux fois) puis, enfin délivré de l'obstacle préliminaire, envoie le reste de la phrase au chauffeur.

— Excep... exceptio... exceptionnellement, je n'ai pas ma carte aujourd'hui.

***

Garde-robe seule coupable.

Chauffeur — Tu n'as pas ta carte.

Jeune fille, *souple* — Non.

Chauffeur — Hier déjà...

Jeune fille, *docile* — Oui, je sais...

Chauffeur — Alors tu sais aussi qu'elle est obligatoire.

Jeune fille, *vaincue* — Oui.

(*Un temps)*

Chauffeur — Elle est peut-être à la maison cette carte...

Jeune fille, *ragaillardie* — Oui !... Mais...

Chauffeur — Mais quoi ?

Jeune fille, *victorieuse* — C'est comme hier, oui ! Ce matin, j'ai encore changé de manteau !

***

Approximatif.

L'adolescente tapote le petit sac ovoïde qui aux regards indiscrets soustrait sa poitrine. Le contenant scolaire ainsi porté offre un nombre étonnant de compartiments fermés, plus ou moins rebondis selon ce qu'ils renferment, l'un d'eux devant nécessairement receler le sésame du ramassage, le petit rectangle rigide extra-plat...

— Tu as ta carte ? demande le pédagogue, dont les temps d'arrêt sont soumis à un horaire strict et très mesuré.

De la collégienne, pas de réponse, mais la réitération pas plus pressée d'une palpation digitale renouvelée à deux mains, et dont l'issue, toujours suspendue, tarde encore...

L'introuvable carte perdue dans l'insondable barda de classe immobilise l'autobus...

Un « Oui » vaguement, mollement articulé, décide enfin du retour au mouvement commun.

***

Programmé.

— Maman y va demain promis.

***

Farceur.

— M'sieur ! J'ai oublié ma carte (laquelle surgit haut, à la face du chauffeur, de la main subreptice qui la cachait).

***

Nonchalant.

— J'ai pas la carte.

***

Impertinent.

— Pas de carte.

***

Logique.

— J'ai perdu ma carte… Je peux quand même rester ?

***

Rassurant.

— J'vais vous la montrer, vous inquiétez pas.

***

Remplacé.

La demoiselle fourre sous les yeux du machiniste l'écran de son téléphone. Y figurent, visibles et identifiables, deux clichés recto verso de la carte (actuellement introuvable, précise-t-elle). Si la billettique ne s'en trouve pas satisfaite, la règle, quant à elle n'est pas oubliée.

***

Ordonné.

— Elle est dans mon sac ; j'le pose.

***

Décomplexé.

— J'ai pas ma carte, c'est grave ?

***

Différé.

— Elle arrive.

***

Mutique.

Silhouette haute, étrangement voûtée. Filiforme et fugace. Un pénitent encapuchonné file au fond du bus.

***

Atténué.

— J'ai pas ma carte de bus, mais seulement pour aujourd'hui.

***

Désolé.

— Je n'ai pas ma carte de bus…

***

Poli.

— Je vous demande pardon, monsieur, je n'ai pas ma carte.

***

Prolixe.

— J'ai pas ma carte, j'en ai une, j'ai inversé mon sac et c'est vrai, vous pouvez demander aux personnes de cinquième.

***

Prédéterminé.

— J'ai pas ma carte aujourd'hui, parce que je l'ai prêtée à un copain, parce qu'il en avait besoin et qu'il risquait d'être contrôlé.

***

Hivernal.

— Je l'ai oubliée dans la poche de mon autre manteau.

***

Annoncé.

— Aujourd'hui, je n'ai pas ma carte, mais demain matin, je vous la présenterai.

Oublier, entre divers sens, tels que *désapprendre, manquer* ou *omettre*, en possède deux autres fort appropriés au ramassage scolaire. L'un de ces sens fait d'oublier un synonyme de *négliger.* Dans cette perspective, l'oubli est une négligence. L'oubli n'est que négligence, si bien que le pédagogue frappe le coupable (symboliquement, s'entend), ou bien encore fulmine. Mais un autre sens très distinct montre aussitôt le bout de son nez et ici, le pédagogue retient son bras (toujours symboliquement). Ce sens assimile l'action d'oublier à la volonté de… *pardonner* (c'est par exemple *l'oubli des offenses*). Voici le pédagogue empêché, ramené aux limites justes de sa mission conductrice. Alors il amnistie, ou bien il gracie. C'est-à-dire qu'en somme, lui aussi, oublie.

Un couple

Qu'elle est jolie ! Qu'il est bâti !

Son visage, que l'orbe d'un ovale remarquable borde, offre tout de lui, tout – confiance des débuts de l'existence non encore découragée –, dont deux sourcils à la parfaite arcature, objets certains de très patientes attentions. L'autre visage est encore imberbe, mais déjà carré. Le nez fort et l'arête saillante de la mâchoire attestent une masculinité à l'œuvre qui souterrainement travaille.

Tous deux sont montés d'un pas égal, elle d'abord, lui ensuite, puis, par accord tacite, ont pris place tout à l'avant. Le jeune homme s'est assis derrière le conducteur, la jeune fille à la hauteur de son compagnon, mais de l'autre côté du couloir.

Que n'ont-ils osé deux sièges rapprochés ! Qui donc, d'elle ou de lui, l'a le plus intérieurement désiré... et redouté ?

La jeune fille a la sveltesse de la demoiselle fraîchement advenue au moment des métamorphoses décisives. Cependant, un équilibre entier du corps succède déjà à des bouleversements si peu anciens : déjà, une harmonie parle, sûre de la voie nouvelle. Du garçon, les épaules tombent loin de la tête, en deux angles droits, dotant le jeune porteur d'une carrure géométrique avantageuse. De l'un à l'autre saillant, le torse s'étend, surface plate et même un peu rentrée, que de toutes prochaines saisons se chargeront de dilater.

Les deux voyageurs se sont assis et aussitôt tus. Longuement. Maintenant, les deux visages dissemblables et appariés, placés au bord du couloir qui les distingue et les réunit, fixent très tranquillement la route, que le véhicule consciencieux avale sous le pare-brise tombant droit, guidé dans sa tâche par deux puissants faisceaux projetés sur elle, fouilleurs infatigables.

— Devine combien j'ai eu au dernier contrôle de maths...

L'interrogé n'a garde de répondre tout à trac. Il sait d'un savoir non appris que, sous le masque de la gaminerie, la devinette fictive recèle une importance dissimulée, un poids encore informulé... L'adolescente qui le sait *a fortiori* aiguille donc le compagnon qu'elle vient d'élire confident : à lui d'articuler la sentence scolaire. C'est elle qui ouvre l'échange.

Ton neutre. — Moins de 10.

— Merde.

Un temps, puis plus tendrement — Dis combien...

— 9.

Coopératif — Non, entre 5 et 9. Plus que 5 et moins que 9.

Lui — 6.

Elle — Non.

(Un temps)

Lui, plus bas — 7.

Elle, confidentielle — Oui.

La voix féminine a plutôt chanté que parlé. Chantonné même et anachroniquement, retranchée dans l'âge béni de la comptine, quand la fillette de naguère, tout acquise à l'enveloppe sonore du mot, ensorcelée au rythme de la phrase, se tenait très loin du sens, le seul qui eût pu faire mal.

Voix actuelle, mais à l'enfance revenue, qui s'amuse à des riens ? Rien n'est moins sûr : le regard n'a pas ri ni le visage badiné.

L'organe masculin, du premier au dernier mot prononcé, aura vibré, tel un métal sans entrave retentit si on le frappe. Une force neuve et encore indomptée n'a pas trouvé son conduit, son chenal.

D'eux, je n'entends plus rien. Nul commentaire n'est venu prolonger le « oui » résolutif de la fausse énigme. À quoi bon, d'ailleurs ?

Ces collégiens se discernent assez pour trouver vaine toute parole ajoutée. Assez familiers l'un à l'autre pour porter un revers scolaire sur quatre épaules. Bien sûr, ce malheur est à l'échelle d'un collège, mais c'est un malheur confié, sujet d'une confidence.

L'autobus marque l'arrêt. Le couple en descend. Elle d'abord, lui ensuite, dont la carrure couvre un instant toute la silhouette féminine.

Révisions

L'aiguille maintenant presque verticale taquine le 0 du 60, s'y attarde, puis s'y arrête : vitesse stabilisée sur « un bon » 60.

Cette allure suffit, compte tenu des paramètres simultanément en jeu : profil de la route et état immédiat ; occurrence diurne, nocturne ou mixte ; temps écoulé et temps disponible ; distance effectuée et distance restante ; retard cumulé et avance conjecturale ; impératif climatique, etc.

La consœur de gauche, d'égale longueur, mais plus oblique, balaye du compte-tours la zone verte, puis tend elle aussi à se caler, à mi-chemin entre les valeurs 10 et 15 du second cadran circulaire. Le moteur donc tourne autour de 1300 tours par minute.

Cinquième vitesse au travail (sur six disponibles). Régime intermédiaire, roulage optimal. Le véhicule de transport en commun se déplace en terrain connu et progresse ainsi, gentiment. Côté passagers, tous habitués, on vit la chose comme un énième trajet, immuable depuis septembre, qui les acheminera comme chaque matin vers une seule et unique possible destination.

Or, jusqu'aux oreilles, soudain cette voix (7 h 30) :

— Je n'arrive pas à me les mettre dans la tête !

C'est une demoiselle en révision qui s'exprime, désappointée, peut-être inquiète. Elle s'est assise au premier rang, côté glace, derrière une vitre qui l'isole de la plate-forme avant. Un cahier souple est éployé à la hauteur du visage par l'action conjuguée des bras semi-fléchis et maintenus horizontaux à la force des épaules.

Dans son grimoire, la demoiselle apprend avec espoir et ténacité. C'est vrai que la lumière qui tombe du plafonnier n'est que parcimonieuse.

Un temps.

« Non. 1815. » Autre voix, celle de la voisine assise côté couloir. Dépourvue de cahier, mais non de science, elle signale à sa camarade l'erreur chronologique (que le chauffeur, retourné à ses deux aiguilles, n'a pas perçue). Ses mains libres de tout matériel scolaire sont jointes, dix doigts entrecroisés, on dirait qu'elle prie.

Une pensée s'invite dans l'esprit du tourneur de volant. 1815. Oui : Waterloo... Napoléon... Premier Empire. On révise vraisemblablement à deux pas d'ici une leçon d'histoire, en vue d'une prochaine évaluation...

Dernier village, dernier arrêt. Deux silhouettes noires sur fond gris attendent le passage du bus. Deux clients, pas plus : une petite minute suffira. (7 h 53) Les portes avant s'écartent, s'effacent, invitant à l'accès. Un ado long et flegmatique passe la marche unique et, à son camarade placé derrière, déclare mollement :

— J'ai rien révisé.

(7 h 56) Un surveillant en faction, derrière le portillon ouvert de la grille du collège, contrôle vaguement les sacs d'arrivants descendus d'un bus déjà reparti.

Le scrutateur d'aiguilles dépose à son tour ses collégiens. Parmi tous ces élèves, tous à l'heure, lesquels sont véritablement prêts ?

Qui a dit « Je ne peux plus lever les pieds » ?

Roberte, 99 ans, après huit jours de lit, des suites d'une méchante chute d'escalier entre son douillet studio du deuxième et la salle à manger commune du rez-de-chaussée ?

Non.

Michel, 89 ans, de retour de cent vingt minutes d'un massage affriolant qualifié d'« exotique », payé par sa fille parisienne, pour fêter l'anniversaire de son papa ?

Vous n'y êtes pas.

Jacqueline, 82 ans, à la descente de l'avion qui la ramène chez elle, après un vol sans escale chahuté par trois orages de cinq heures quinze ?

Pas du tout.

Philippe, 72 ans, le lendemain d'une promenade (douze kilomètres sans dénivelé *majeur,* disaient des gens bien renseignés) que ses enfants et petits-enfants, le printemps étant revenu, s'étaient mis en tête de lui offrir ?

Toujours pas.

Marc, sexagénaire qui porte beau, le surlendemain d'une rando exécutée mi-novembre à deux mille huit cents mètres d'altitude, dans un pays touristique et néanmoins rude que l'on ne nommera pas ?

Eh non !

Mais alors ? *Alors,* demandez-vous ?

Alors, voici.

Un garçonnet en classe de cinquième (premier trimestre), après une séance de sport effectuée au gymnase chauffé un matin de décembre, bloqué devant la garde au sol (36 centimètres verticaux) d'un bus pourtant débonnaire et toujours obligeant.

Paroles attrapées

... Et non pas écoutées : le chauffeur conduisant a d'autres choses à faire. Mais paroles entendues, captées au gré du ramassage. Paroles initialement jetées, ici reprises en raison de ce qu'elles révèlent des jeunes embarqués dans le mouvement d'une journée de classe. Reproduction interdite, car authenticité garantie.

***

De la mosaïque des voix enfantines qui, ce petit matin-là, emplissait doucement l'espace mobile vitré, une voix plus hautement timbrée s'éleva, pesta ou s'insurgea : « Le prof de maths, y nous a donné le numéro de l'exercice, mais pas la page ! ».

À cette forte parole, nul ne songea à répliquer. Tant il est vrai que toute évidence rend tout commentaire superflu.

***

« On y va ! » Formule lapidaire, énergique, jaillie de bon matin à l'adresse exclusive du conducteur, mais d'une bouche aussitôt confondue, d'un visage aussitôt disparu dans la mêlée de collégiens au coude à coude partis à l'assaut des meilleurs places assises.

Laconique et anonyme comme une œuvre inachevée.

***

« Ah l'enculé(e)-là ! » Tenants et aboutissants inconnus.

***

Surgi hors de la nuit urbaine, un dégingandé monté sur trois (quatre ?) jambes follement multipliées, traverse la chaussée au nez de l'autobus, sur la proue duquel il semble qu'il va se jeter, mais d'un saut de cabri (ou d'une feinte réussie ?), la contourne soudain et court se poster, réglementairement sous l'abribus, en attente… en attente d'une sentence.

Le lent véhicule, quant à lui, vient tout juste d'achever sa manœuvre d'approche. Ses portes, en s'écartant, s'ouvrent. Le jeune homme, maintenant debout sur deux jambes seulement, comme tout le monde, le souffle déjà calmé, n'ose plus monter : « Est-ce que j'ai fait quelque chose de mal ? »

***

« Non ! C'est le feu qui est au rouge ! » La voix est petite si l'on s'en rapporte au gabarit de la demoiselle qui parle. Toutefois le ton adopté est celui d'une assertion tout ce qu'il y a de catégorique.

De fait, un feu tricolore (et de fait rouge) est planté deux mètres au-devant de la zone de dépose du collège. Conséquemment, les quarante collégiens déjà debout, massés contre les portes arrière de sortie, doivent prendre patience, et effectivement prennent patience…

Le feu passe alors au vert, l'autobus avance sur 24 mètres (2 X 12), s'immobilise et ouvre ses portes. La descente peut s'effectuer.

Depuis le micro-évènement (survenu en début d'année) dont l'impérative prise de parole fut suivie, le peuple migratoire collégien, parfois pressé à contretemps, ne confond plus les deux arrêts successifs, celui qu'impose le feu quand il est rouge, celui, voisin, qu'imposent au sol les zébras, toujours jaunes. Au feu tricolore désormais, sans mentir, les quatre cinquièmes des passagers demeurent à leur place, assis, sagement.

Tout porte à croire que la parole d'autorité, un jour prononcée par l'une des leurs, est à l'origine de ce bon ordre acquis... Ce qui n'est pas absolument indispensable de dire (aux enfants), l'adulte doit se retenir de le dire. Et faire confiance à l'auto-éducation ou à l'éducation par les pairs...

***

Pendant l'ascension du bus. Un camarade à son camarade rétro-positionné : « C'est comme si tu avais un 20 sur 20 avec un coefficient de 0,1. » Autour, personne ne pipe mot, pas même le principal intéressé, placé pourtant juste derrière le mathématicien scolaire. Il est des paroles intimidantes dont la puissance fait faire silence.

***

Soupçon d'évaluation imminente.

Première voix *zen* :

— Moi, j'ai pas révisé.

Deuxième voix *hypothético-déductive* :

— De toute façon, si y a pas beaucoup d'élèves, elle la f'ra pas.

Troisième voix *virile, mais bileuse* :

— Mais ça, elle s'en bat les couilles.

***

Petit village de Lorraine. Calme, mesure, modestie. 7 h 30 du matin. Deux très jeunes filles assises côte à côte, un grand cahier pour deux sur le giron, s'attaquent à un très gros morceau. L'une d'elles énonce : « Qu'est-ce que le droit ? ». Suit une définition qu'elles méditent et mémorisent.

***

« La violence animalière ! », entend-on soudain dans l'habitacle. Mais de quoi parle-t-on ? De la violence des animaux entre eux ? De celle que des humains mus par d'obscurs moteurs infligent aux animaux ? Le machiniste au volant, qu'aucune suite parlée ne vient éclairer, ne le saura jamais.

« Moi, ma mère, elle… etc. » Ah !… Si toutes les mamans pouvaient s'imaginer en un instant de révélation combien de fois (recensement incalculable) elles sont quotidiennement évoquées, voire invoquées !…

***

« Le théorème de Pythagore, c'est facile ! » Voix mâle et faraude à l'adresse d'un petit minot de sixième réduit à quia. De la part du grand, bluff ou pas ?…

***

Le collège n'est pas encore loin. Le village pas très loin non plus. Point médian donc d'un bref retour à la maison, brave et paisible, serein, en un mot bon enfant. Brusquement, cette déflagration : « On s'en branle ».

La commotion passée, le pédagogue ès lettres retrouve ses vieux réflexes. N'est-on pas face à ce que les linguistes et lexicographes distingués nomment ici une *désémantisation* (la négation du sens propre d'un mot par un emploi fautif et surtout paradoxal, incompatible avec sa signification originelle et pleine) puisque le locuteur masculin normalement attendu par le mot éructé était, en l'espèce, une tendre et vraiment *trop* mignonne locutrice ?

***

— Ça va ?

Silence de l'interpellée.

— T'as pas eu peur ?

— Peur, non. Mais ça perturbe.

Coupure du son. Irruption d'autres voix plus sonores, ou peut-être trop proches de mes oreilles. La conversation se poursuit, mais je n'en perçois maintenant plus les termes exacts ni surtout les enchaînements. Par le biais de bribes recoupées, je crois finalement retrouver le fil de cet échange parasité. Selon mes conjectures donc, il doit s'agir d'une leçon de natation ou plutôt de l'expérimentation innovante d'une nouvelle technique de nage.

***

« Dyscalculie, dysorthographie, ce n'est pas être un handicapé ! ». Lui, sur la défensive, eux, accusant le coup sans répliquer, moqueurs mouchés. Il est vrai que la mise au point criée plus que communiquée venait des tripes.

Il s'en est fallu du reste de peu que la situation ne dégénère, que l'antagonisme ne trouve sa réalisation dans un passage à l'acte, à la hauteur d'une empoignade entre trois préadolescents mal dans leur peau. L'abribus, parfaitement étranger à l'affrontement, mais plus opportun que jamais, a évité au conflit de prendre corps. Les deux attaquants n'ont pu asseoir leur position. Les circonstances auront sauvé les protagonistes d'une dangereuse surenchère, comme il arrive souvent. Mais j'ai vu le visage du stigmatisé « double dys » : lorsqu'il a crié et lorsqu'il se fut tu. C'était le visage universel de l'offensé.

Pauvre gosse qui doit lutter sur deux fronts : faire face à des difficultés d'apprentissage chaque jour ravivées et endurer une image personnelle dégradée par des collégiens déclarés moyens, estampillés normaux et sans problème identifié.

Dyscalculie... Dysorthographie... Ces éléments du jargon médico-scolaire étaient peu courus il y a cinquante ans, y compris des individus jeunes qui avaient maille à partir avec les lettres ou les chiffres.

Que disions-nous donc il y a cinquante ans (je dis 50 parce que j'en avais alors moi-même 12), de copines pas fortiches en maths ou de copains désastreux au moment des dictées ? Rien. Nous ne disions rien... Étions-nous donc plus respectueux d'autrui ? Non, je ne crois pas.

Dysorthographie, dyscalculie, mots savants sortis de la pédopsychologie, envahissent le milieu des apprenants que certains s'approprient aux dépens de camarades stigmatisés.

Les fragilités intellectuelles ou les obstacles cognitifs qui compromettent l'essor de l'enfant doivent être détectés, qualifiés, puis nommés. C'est vrai. Mais ici pointe un risque, voire une perversité peut-être mal calibrée par les instances adultes qui pilotent en altitude le système éducatif. L'emploi à tout va de vocables précis et rigoureux, originellement précarré des spécialistes de l'enfance, porte en lui en effet de regrettables trahisons et de navrantes dérives.

De tout mot peut sortir une infamie.

***

À l'attention judicieusement ciblée d'un petit minot ultra-remuant, vociférant on ne sait quoi ni pourquoi d'une voix intenable, ce message tombé d'un siège proche : « Ta gueule ». Efficacité immédiate.

Chaleur mauvaise

Jeudi 4 mai. Un pic de chaleur s'est abattu sur nos têtes. Et ce pic, comme de juste, perce. Le thermomètre s'affole, ses chiffres enflent : dix unités qui font la dizaine se superposent à celles d'hier. Oui : le mercure a grimpé – escalade sans obstacle – de plus de dix graduations en une demi-journée.

Le soleil de mai se croit en juillet.

Alors spectres sécheresse, eau raréfiée, canicule, eau évanouie entrent par effraction dans les esprits, arrachés aux douceurs du printemps. Et les clochettes du muguet à peine écloses semblent déjà retardées. Des fantômes alimentent des prémisses angoissées, ou réveillent des réminiscences douloureuses. Mais pour l'instant, rien ne se formule encore. Trop tôt pour nommer le mal ? Trop tôt pour ne plus croire en sa très probable, raisonnable et rassurante éviction.

Au sol du bus, un peu partout, sous tel siège, sur tel autre, une incalculable quantité d'emballages-bonbons, gangues froissées, coques vides, jonchent, et gisent. Plus en ce jour que le total moissonné au cours des trois derniers mois. Spectacle décourageant et sans dédommagement possible.

Le conducteur debout, en tournée d'inspection, repère, summum détestable, une pâte informe gélatineuse, translucide (à peine mâchée que déglutie) agglomérée solidement à la trame textile d'un dossier...

Une consommation effrénée de sucre semble aller de pair avec l'envolée des températures ! Curieuse corrélation. Jeu de compensation, peut-être.

Un germe d'asociabilité saille au feu d'un air surchauffé.

Le prurit du désordre s'invite dès lors que ce dernier apparaît comme une échappatoire possible au mal qui assaille, à l'agression qui étreint.

Et de quelles forces contraires l'ordre collectif est-il le fruit ?

Quelles réalités contribuent à le garantir et garder puissant et respecté au sein d'un milieu de vie ?

À l'inverse, sait-on les causes non humaines qui ourdissent un chaos humain ?...

Voilà dans quoi s'embrouille la tête du pédagogue courbé, tandis que, plus bas, les bras s'affairent sur le plancher souillé.

Bientôt pourtant, balayette et pelle (dont le véhicule est pourvu) cessent de s'activer.

Besogne finie.

L'heure n'est plus aux conjectures larges, mais à la fermeture du service.

L'essentiel au demeurant est désormais acquis : le bus étant propre, il est à nouveau prêt pour demain.

Poussée de printemps

L'homme de proue a grandi ! C'est notoire ! Indubitable !

Le bonhomme dont il est ici parlé est connu du lecteur. Il fait usage du bus un jour par semaine, le jeudi, et le matin seulement. Ce jour-là, le véhicule du ramassage déplace l'homme de proue de son village domiciliaire au village scolaire circonvoisin.

De la longue voiture commune, laquelle s'étire sur 30 mètres carrés, l'usager jupitérien ne fréquente que la plate-forme étroite reliant les deux portes d'ouverture, le poste de conduite et le couloir médian qui court s'achever loin derrière, à l'aplomb du moteur. Dans cet espace avancé, l'hôte des jeudis se tient debout, au pied du portique (1,31 m, indication importante) porteur de deux balises, le distributeur de gel hydroalcoolique (facultatif) et le valideur (obligatoirement sollicité).

L'enfant écolier, que son gabarit désigne plus juvénile encore que la moyenne de la clientèle présente en ces lieux, s'annonce au chauffeur d'une manière simple, brève et invariable.

Rappel.

Après s'être effacé devant ses aînés de collège – lesquels jouissent sans l'avoir convoitée d'une préséance d'accès –, notre petit homme franchit à son tour le seuil de l'autobus. Immédiatement, sans un regard pour quiconque, il prend position debout. Mentionne alors sa destination « Place de Malleloy », pivote d'un angle droit sur sa droite, et se trouve alors faire face au pare-brise, en vigie immobile et concentrée, main gauche ajustée au montant gauche de portique, en tête-à-tête avec le valideur cubique.

Sérieux, solennel même, l'homme de proue, seul à son poste, mais que ce poste paraît exhausser, semble consacrer le temps passé dans le bus en partenaire coresponsable du bon déroulement des opérations de déplacement impliquées par le service du ramassage.

Or, incontestablement, cet écolier et coéquipier a bel et bien grandi, tout nouvellement et presque brusquement.

S'il est exact, à y regarder de près, que la dextre entourant le pied du valideur a conservé ses modestes et tendres dimensions (en rapport avec l'âge), la stature de la vigie à coup sûr a pris du galon. Plusieurs centimètres de poussée verticale !

L'éminence crânienne de l'homme de proue rejoint maintenant l'horizontale (imaginaire) qui coiffe le sommet de la balise valideuse, quant à elle définitivement immuable.

À partir d'aujourd'hui, les deux têtes, l'humaine et l'électronique, la métallique et la chevelue, se mesurent à égalité, à toise identique.

Notons que cette récente mise à niveau n'est rien moins que temporaire. Dès la saison prochaine (avant, qui sait ?), le petit factionnaire le sera un peu moins, puis nettement moins, puis plus du tout... Triomphe du vivant sur l'inerte, victoire du naturel sur l'objectal.

Les enfants, à l'instar des plantes, pousseraient-ils plus prestement au printemps qu'en tout autre saison ? L'homme de plus de 1,31 m ignore qu'il est, de cet intéressant questionnement, la meilleure réponse qui vaille.

Tel qu'il est, érigé, l'homme de proue n'en a pas fini de croître, pris dans l'élan métamorphique qui, au fond de lui déjà, assemble, ajuste hier et demain, racine et bourgeon...

Et toi, *Primum Tempus*, saison si bien nommée, continue de l'accompagner. Qu'il s'épanouisse ! Qu'il prospère !

(Ides de mai.)

Réciproques

Village après village, ce matin de mai en fleurs qu'un œil attentif – attentionné – découvrirait vibrant, bruissant, vivant... s'il pouvait seulement prendre le temps de la flânerie ou bien emboîter le pas de la promenade champêtre... Mais non : le *smartphone* de bord affiche 7 h 20 et eux vont tous au collège où des personnes responsables et ponctuelles les attendent (+15 minutes).

Paysage printanier si vite et si mal traversé !

Soleil large, prodigue, plus haut monté que la cime des bois reverdie à l'horizon déjà lumineux. Fleurs des champs fécondées par d'infatigables insectes (merci, messieurs). Vaches au pré, lentes, mais manifestement contentes d'être là. Regardent-elles passer les bus scolaires comme ailleurs leurs consœurs les trains ?

Soudain, une grande petite voix (comme Victor Hugo dit de Gavroche sur la barricade), ni masculine ni féminine, puisqu'enfantine est le mot, tonne :

« La réciproque ? Bah oui ! La réciproque... Quelle question ! La ré-ci-pro-que-on-la-fait. »

Venue du fond du véhicule, une seconde voix plus catégorique encore : « Nous aussi !! »

C'est tout. Sans transition, sans motif identifiable, le silence de la gent collégienne reprend possession du bus. Silence très relatif d'ailleurs ponctué d'interminables entrechoquements que les inégalités de la route imposent aux équipements plastiques et métalliques montés à bord, objet de chocs divers et répétés, de collisions carillonnantes et têtues, microcosme matériel secoué sans répit, proie de percussions... elles aussi réciproques.

Le chauffeur, qu'une belle ligne de deux kilomètres francs et faciles convie, se surprend à sonder sa mémoire (vaste à son âge). Le voilà qui s'interroge sur le sujet du jour, ladite réciproque, connue, notoire, universellement maîtrisée, comme il vient de l'entendre.

Voyons... Sixième ou cinquième ? Sixième. Le nom du prof de maths ? Hum... Homme ou femme ? Impossible de dire. Le nom des potes serait plus facile à exhumer, mais là n'est pas le fond du problème posé. Algèbre ou géométrie ? C'est vrai... On séparait les deux, scrupuleusement, dans le classeur, plus un troisième intercalaire-carton dédié aux « tests » et « contrôles » (qu'un distinguo subtil discriminait, oublié lui aussi).

Il faut se rendre à l'évidence. La fameuse réciproque, autrefois familière et claire, est devenue extérieure et incompréhensible. De là à solliciter auprès des deux matheux présents une remise à niveau expresse et sur mesure...

Retour à ce matin de 2024...

« On l'a fait ! » a déclaré la première voix ; et la seconde « Nous aussi !! ». La première des deux séquences peut se comprendre de trois manières.

Première manière. « On la fait ! » : on l'étudie en ce moment.

Pronom sujet/pronom complément/verbe au présent.

LA désigne ici la réciproque.

Deuxième manière. « On l'a fait ! », on l'a étudié antérieurement.

Pronom sujet/pronom complément élidé masculin/auxiliaire avoir/participe passé masculin. **L'**a pour référent un terme masculin implicite (cours, problème).

Troisième manière : « On l'a faite » : on a étudié la réciproque dans le passé.

Pronom sujet/pronom complément élidé féminin/auxiliaire avoir/participe passé féminin (finale -**e** escamotée par l'énonciation).

L' désigne alors le mot la réciproque.

Qu'a donc précisément voulu répondre le second intervenant ? Comment le premier a-t-il alors compris l'écho que ce dernier lui renvoyait ?...

Mystère non encore élucidé à l'heure où vous lirez ces lignes.

Les quinze minutes sont échues ; et justement le collège est là : de ce côté donc, tout va bien. L'autobus stoppe et ses portes s'ouvrent. Les matheux (et les moins matheux) en descendent.

À cet instant, le pédagogue a terminé sa mission : accompagner des enfants jusqu'aux portes écolières.

Maintenant, il laisse à son successeur enseignant le soin difficile d'inculquer aux élèves le sens de la nuance et l'amour de la précision. Cet objectif passe par la sensibilisation à une prononciation de qualité (qui soit fidèle à la pensée), gage d'intelligibilité. Comme nous l'avons montré, phonétisme, morphosyntaxe et sémantique ne font qu'un. La langue est notre commun dénominateur principal et le meilleur de nos outils de communication. Il faut la soigner. Non seulement par l'exercice de l'écriture élaborée, mais dès avant, dans la pratique ordinaire de la parole quotidienne.

Sauvegardons les nuances pour fertiliser l'intelligence de chacun, pour optimiser la compréhension mutuelle... là encore, là aussi... réciproque.

Objets perdus

A. Collectés au fond du bus après l'envolée d'une jeunesse oublieuse.

B. Exposés sur la plate-forme avant du véhicule, passage obligé, le lendemain et le surlendemain.

C. Rendus à leurs légitimes possesseurs durant ce délai.

D. Sinon, remisés au dépôt, en attente d'une manifestation parentale rarement opérée dans la pratique.

***

Deux crayons de papier : l'un raccourci par un long usage, piteux, retrouvé rompu en deux morceaux, bon pour le rebut ; l'autre, droit, fier et pointu, impatient de trouver un emploi.

***

Un bâton de colle, jaune, bien sûr, pouvant encore coller.

***

Un stick *Efferalgan paracétamol voie orale sans eau arôme fruits rouges* (je recopie, servilement).

***

Un taille-crayon bivalve jade et blanc, tout ce qu'il y a de plus fonctionnel.

***

Un téléphone portable, vite confié aux bons soins d'un collègue et par cet intermédiaire diligent, rendu le jour même en mains propres à un propriétaire ressuscité.

***

Une paire de gants quadrichromique. L'ébène, le carmin, le gris et le safran s'y déploient en vingt-trois rayures ou rangs, façon tricot, sur toute leur surface. La main gauche, face dorsale, s'enjolive, par la grâce d'une surimpression or, d'un motif central qui peut évoquer un jet d'eau au pied d'une vasque, tumultueux, évidemment luxueux. Cette parure flatteuse attend pourtant depuis deux jours. Sa remise est donc imminente. Que la possédante (le féminin semble de mise) se manifeste rapidement !

***

Une photo d'identité d'un jeune homme, au revers de laquelle un stylo malhabile (celui du jeune homme probablement) a tracé ce message alpha idéographique moderne :

L'objet a été découvert posé au centre d'une assise de siège, bien à plat, tourné côté face, parallèle au couloir. Le chauffeur a cru bon de repositionner ce portrait-déclaration là où il était, au centimètre près, la chose étant primitivement destinée à d'autres yeux que les siens.

***

Une boucle d'oreille, aperçue par une demoiselle obligeante, signalée au chauffeur et remise à ce dernier.

***

Un bonnet bleu ciel retourné le surlendemain à celle dont le couvre-chef manquait.

***

Gigantisme caché. Un ado bénévole par-dessus le portillon me tend l'objet perdu du jour. Il s'agit d'un contenant modeste, toilé noir. Voici le résultat de l'inventaire réalisé peu après. Le sac contient :

a) Un short de sport taille L.

a) Un T-shirt compressif XXL.

b) Deux baskets pointure 46.

Oui... c'est à n'y rien comprendre puisque je véhicule des collégiens dont l'âge sommital ne peut excéder 15 anniversaires cumulés.

Durant 72 heures, le sac de sport perdu est exposé en devanture à l'entrée du véhicule, mais sans susciter le plus petit frémissement d'une rétrocession. Ma perplexité croît... J+4 ! Un possesseur autodéclaré se présente : il affirme reconnaître là ses affaires personnelles, qu'il a oubliées, calcul fait, à J-4. Coïncidence troublante. Le garçon est en classe de quatrième, pas plus. Pas si grand que cela non plus... mais la paire dont ses pieds sont présentement chaussés, parle pour lui. Il faut se rendre à l'évidence. Je restitue.[15]

***

Une gomme blanche entaillée, rongée, attaquée et creusée (par une lame de couteau ?). Aucun propriétaire agresseur n'est venu déclarer ni l'objet torturé ni les voies de fait perpétrées.

***

Un sac à dos bleuté, ultraléger, mono compartimenté. Au fond, unique contenu : 2 baskets 37. Selon des condisciples affirmatifs, appartient à un « 5ème » peu versé dans le ramassage qu'il n'emprunte que les lundis, me fais-je préciser. Donc,

---

15 Protagoniste connu ! Relire *Empathie*, page 25

rétrocession lundi prochain. Penser à extirper l'objet du cagibi du dépôt au moment de la prise de service (6 h 41).

***

Un carnet de liaison (fourni par l'administration du collège) dont l'absence dément la fonction. Un camarade, après avoir identifié l'homme frustré, s'empare du document, et le lui remettra moins d'une heure après. Version des faits confirmée le lendemain par le titulaire démuni la veille.

***

Un « Cahier de révisions » extraordinaire : 33 pages manuscrites (au 20 novembre seulement), avec sommaire en tête d'ouvrage, pagination idoine, faux-titre « pour préparer les évaluations ! », six rubriques (latin, espagnol, géographie, SVT, anglais, secret chut !), crayons et encres de couleurs à toutes les pages !

Pépite scolaire retournée à son auteur, élève de quatrième (à J+2), très émue de ce retour auquel elle ne croyait plus.

***

Rêve brisé…
Mercredi : une pièce de 5 centimes.
Jeudi : une pièce de 10 centimes.
Vendredi : deux pièces de 10 centimes.
Dommage que la semaine se termine.

Minutes polluantes

Devant le collège, quatre douzaines de collégiens attendent, ou plutôt se préparent. Au coude à coude, sur une ligne sinueuse, serpentine, agitée de remous, comme sous l'impulsion d'une houle invisible ou le remuement abyssal d'une onde puissante et cachée…

Curieux regroupement d'individus alignés et incessamment prêts à passer à l'action.

C'est que chacun ici n'a de cesse de se repositionner au bord du trottoir le plus favorablement possible, en fonction de l'avancée au pas du long véhicule, de manière à bénéficier, lorsque ce dernier se sera immobilisé, d'un face à face direct et propitiatoire avec les deux portes avant, gage d'un accès rapide et condition d'obtention d'une place assise choisie.

Point mort, frein de parc, feux de détresse, ouverture des portes. Dûment stationné, enfin accessible à sa clientèle, voilà l'autobus, d'abord tumultueusement, puis paisiblement investi[16].

Chaque voyageur, y compris parmi les plus pressés, sacrifie au rituel de la carte plaquée (obole magnétique) sur la borne, dont le réactif signale au porteur sa conformité au règlement par l'apparition digitale du « Bon voyage » (six kilomètres, en ce qui nous concerne).

Le sol, oscillant à chaque franchissement du seuil, finit par se stabiliser, indice que l'ensemble de la clientèle a bien pris place à l'intérieur.

J'avise l'heure au tableau de bord : quatre minutes encore avant de décoller.

Dehors, 30°. Dedans, bientôt plus.

Le soleil de ce 22 juin n'a pas chômé depuis le petit matin de sa naissance, et il continue, en cet après-midi le plus long qui soit, de darder des rayons longs, raides et coupants. Or, le bus n'est pas climatisé. Quatre minuscules ouvertures latérales situées à l'arrière assurent la circulation de l'air et son renouvellement : autant dire une misère.

Je coupe le moteur qui semble alors expirer, dans une sorte d'étouffement spasmodique, un tressaillement dont le véhicule et les occupants sont une seconde secoués.

Aussitôt tombe un silence exceptionnel. Toutes les voix à l'unisson se sont tues, se taisent encore. Silence du moteur empêché ; silence humain intrigué.

L'éventail journalier des adolescents et des enfants, aux statures gamines ou préadultes, assis ou debout dans le sens de la marche, perpendiculairement ou contraire, vient abruptement de se figer, émoussant gestes et singularités. Le rétroviseur intérieur renvoie l'image d'une réunion de jeunesse anormalement compactée, qu'une interrogation impérieuse traverse et uniformise : que se passe-t-il avec le moteur ?

— On est en panne, déclare une voix pleine d'assurance et pleine d'allant, presque réjouie d'annoncer à tous l'état retentissant des choses présentes.

Non, l'autobus n'était pas en panne. Mais l'heure était chaude, le stationnement prolongé, l'environnement saturé, les minutes polluantes…

---

16 Sur le sujet, relisez *Ramassage et Ruée*, page 41.

Voilà ce que je répondis à la jeunesse placée sous ma responsabilité. Écoutante d'un silence – m'a-t-il alors semblé – en accord avec ma décision.

17 h 40

La colline[17] n'a pas bougé. Dôme hiératique et serein d'arbres et de pierres. Étagement de murs, fenêtres, toits, frondaisons et venelles. L'hiver, mille lumignons publics et privés en piquent la face obscurcie. À la belle saison, le soleil rasant y plaque ses rayons, larges et doux.

Les huit aiguilles[18] se sont abattues : mouvement d'ensemble parfait ! Elles passent ainsi, unanimes, du travail au repos : par une chute collégiale et brutale au bas des huit cadrans. On dirait qu'une immense fatigue commune vient de terrasser ces huit horlogères parvenues à la limite extrême de leur tâche de surveillantes pointilleuses.

Brûlant, mais impérativement coupé, le moteur en sursis, sonore encore, parle à bas bruit et bricole tout seul : cliquetis, bourdonnements intérieurs, chaleur d'entrailles. Aux tréfonds du véhicule arrêté, un monde opiniâtre continue de remuer, remué d'avoir agi. Et trop vite interdit. Extinction forcée de la vie mécanique qui consent mal à mourir, telle la marmite qui bouge encore sous le feu éteint.

Les circuits d'air sous pression – freins, portes, suspensions – éructent, mais à tour de rôle. Ces opérateurs de mouvements multiples, pourtant coordonnés, retournent à l'inaction selon un rythme personnel propre à chacun. Le bus expulse l'air utile, par fraction. Il se relaxe par dépressions successives : les freins d'abord ; les suspensions et le pied du siège-chauffeur ensuite ; les portes enfin. En somme, un repli en bon ordre.

Les écrans (celui du pupitre qui commande le valideur, celui du smartphone comptable de l'écoulement du temps), qu'une

---

17 Le village de Bouxières-aux-Dames, au pied duquel « Keolis Territoires nancéiens » est situé. Voir aussi, *infra, 6 h 45*, page 13 et *Conte de Noël*, page 31.

18 Compteur de vitesse, compte-tours, manomètre turbo (pression dans la tubulure d'admission), manomètre pression d'huile moteur, température du liquide de refroidissement, jauge carburant, manomètre pression d'air circuit de frein avant, manomètre pression d'air circuit de frein arrière.

dernière touche du doigt abolit, s'en vont rejoindre le monde des choses inertes et injustifiées.

La girouette[19], qui tout à l'heure, déclarait hautement où l'on va, elle aussi s'absente, se retire du jeu collectif et s'endort jusqu'au prochain réveil.

Dans la cabine, dont le sol assourdit ses pas, le pédagogue commence la collecte des objets perdus[20] et des papiers de bonbons qui sont la signature des enfants partis.

Exercices

Voici trente exercices tous pour rire, sans l'obligation bilatérale « copie à rendre le... »/« copie à corriger pour le... », le temps de ces formules scolaires étant pour moi révolu...

Ces exercices-pour-de-faux m'ont été suggérés :

a) au volant, en présence des enfants sur le chemin de l'école ;

b) au dépôt, à travers les échanges avec les collègues-conducteurs et les contacts avec le personnel des bureaux ;

c) à l'atelier où nos véhicules – mécanique oblige – ont besoin des examens et des actions des mécanos.

Je classe ces exercices pastichés sous trois rubriques.

La première, la plus succincte, se limite au jeu bien connu du vrai/faux.

La deuxième reprend à son compte la formulation-type des questions du code à choix multiple et ses fameuses « Réponse A », « Réponse B », « Réponse C ».

La dernière réunit neuf cas d'école auxquels j'ai conservé une tournure studieuse, mais que l'on voudra bien lire comme un effet de pure parodie. Il y sera parlé géométrie, leçon de choses, calcul, dessin, argumentation, compte rendu d'observation, point de vue, éducation citoyenne, toutes affaires d'imitation ludique.

---

19 Affichage du terminus et du numéro de ligne correspondant, dans deux cartouches extérieurs, l'un au-dessus du pare-brise, l'autre sur le flanc droit du véhicule. La girouette, ancien signe distinctif de la noblesse, est devenue l'apanage des autocars et des autobus. N'indique plus la direction des vents, mais le nom et le sens des lignes. De règle pour le conducteur et indispensable pour la clientèle !

20 Dernier en date, un double-décimètre cassé en deux : très pratique dans la poche arrière du pantalon !

Certes, rien n'empêche de prendre tout cela au sérieux, de s'y arrêter, et même d'y réfléchir... Dans ce cas, bonne cogitation autour d'une thématique périscolaire née d'un ramassage ordinaire !

Première série.

Exercice 1

Le liquide de refroidissement est indispensable au chauffage intérieur d'un car ou bus.

V/F

Exercice 2

Le permis de conduire D « Transport en commun » ne peut pas être délivré à une personne de moins de 21 ans.

V/F

Exercice 3

Le ramassage est de droit. Par conséquent, il est gratuit pour tout mineur régulièrement inscrit dans un établissement scolaire.

V/F

Exercice 4

Autocars et autobus sont réformés (retirés de la circulation) dès lors qu'ils ont roulé plus de quinze années. Cette longévité butoir est calculée à partir de la date de la première immatriculation qui figure sur la carte grise.

V/F

Exercice 5

Le contrôle technique (CT) ne concerne pas les véhicules lourds affectés au transport de voyageurs. Seules les mines font autorité en la matière.

V/F

Exercice 6

Il faut être de nationalité française pour exercer un emploi déclaré de conducteur scolaire.

V/F

Exercice 7

Un omnibus désigne un individu, homme ou femme, qui effectue l'intégralité (*omni*) de ses déplacements, personnels et professionnels, en transport en commun.

V/F

Exercice 8

L'omnibus désigne aussi un moyen de locomotion collective à vocation de desserte locale. Ses trajets relativement courts sont ponctués d'arrêts fréquents (*omni*) et réglementés, au cours desquels la clientèle monte ou descend du véhicule.

V/F

Deuxième série

Exercice 1 : L'agenouillement désigne

Réponse A :	L'attitude de gratitude de tout collégien bénéficiaire biquotidien d'un ramassage scolaire.
Réponse B :	Un système de dépression activé par le conducteur qui abaisse le plancher du bus sur la droite (côté portes) pour en faciliter l'accès.
Réponse C :	Le respect du chauffeur envers sa machine.

Exercice 2 : Qu'est-ce qui pèse le plus lourd ?

Réponse A :	40 passagers adultes.
Réponse B :	Le moteur, bloc et périphériques.
Réponse C :	L'ensemble du vitrage (glaces latérales, pare-brise et lunette arrière, glaces-cloisons intérieures.)

Exercice 3 : Surface au plancher d'un autocar deux essieux...

Réponse A :	20 m^2 environ.
Réponse B :	40 m^2 environ.
Réponse C :	30 m^2 environ.

Exercice 4 : Cet autocar de tourisme cinq étoiles est chaussé de pneumatiques (triple essieu) qui portent sur le flanc un « 395 ». Cette mention désigne :

Réponse A :	Le poids du pneu gonflé (pression préconisée par le constructeur) exprimé en kilogrammes.
Réponse B :	La largeur de la bande de roulement (la partie du pneu en contact avec le sol) exprimée en millimètres.

Réponse C :	La hauteur du flanc, de la gouttière de la jante jusqu'à l'arête du pneumatique, exprimée en millimètres.

Exercice 5 : Un bus blindé signifie

Réponse A :	Un bus aux suspensions très rigides, par conséquent très inconfortable.
Réponse B :	Un bus dont la carrosserie, les portes, le vitrage, les optiques et les roues sont renforcés, de façon à mieux contrecarrer la pénétration de projectiles. D'où l'affirmation si fréquente : « Dans la banlieue, tous les bus sont blindés ».
Réponse C :	Un bus bondé.

Exercice 6 : Le terme anglo-saxon schoolbus se rapporte à

Réponse A :	Un autobus affecté au ramassage scolaire occasionnel (non régulier).
Réponse B :	Une école de conduite (*school*) apte à délivrer en pays de langue anglaise le permis D, après formation et réussite à l'examen.
Réponse C :	Un autobus aménagé en salle de classe (*bus/school*), dispositif utilisé en pédagogie délocalisée ou expérimentale.

Exercice 7 : Qu'est-ce qu'un essieu ?

Réponse A :	Une prière adressée au ciel, récitée avant chaque départ en classe de neige. L'usage a disparu ; le mot est resté.
Réponse B :	L'axe autour duquel deux roues solidaires, voire quatre, tournent ensemble.
Réponse C :	Ancienne dénomination de l'essuie-glace.

Exercice 8 : Un ralentisseur désigne

Réponse A :	Un frein additionnel obligatoire sur les véhicules dont le PTRA dépasse 3,5T. Indépendant du frein de service, il permet de décélérer les véhicules lourds à forte inertie. Très utile sur les fortes ou longues descentes.

Réponse B :	Un dispositif (non homologué) qui tend à dérégler l'horloge du véhicule de manière à retarder l'arrivée du collège de quelques minutes, sursis propice au réveil matinal.
Réponse C :	Le mécanisme qui, après immobilisation du véhicule et ouverture des portes avant, s'efforce de ralentir l'afflux collégien à l'assaut du bus.

Exercice 9 : Le receveur désigne

Réponse A :	L'hôte ou l'hôtesse d'accueil qui reçoit la clientèle, charge ses bagages en soute, distribue les places et veille à l'agrément (climatisation, musique, veilleuse, pare-soleil, fauteuil, en-cas) des passagers. Grand tourisme seulement.
Réponse B :	Le chauffeur, lorsqu'il encaisse le produit de la vente de titres de transport (numéraire exclusivement).
Réponse C :	Le bouc-émissaire du groupe en excursion, qui en voit (en *reçoit*) de toutes les couleurs (moqueries, canulars, quolibets, etc.)

Exercice 10 : Un abribus désigne

Réponse A :	Le garage du dépôt dans lequel bus et cars sont remisés, leur service achevé. « Ma journée est finie, déclarera tel chauffeur, je n'ai plus qu'à aller garer mon car à l'abribus ».
Réponse B :	Structure fermée sur trois côtés, destinée à prémunir des intempéries la clientèle en attente. Un banc à trois places, s'ajoute au confort toujours relatif du lieu.
Réponse C :	Dispositif de sécurité à déclenchement automatique qui a pour effet de court-circuiter les batteries en cas de violente collision, et mettre ainsi le véhicule à l'abri d'un suraccident tel que l'incendie.

Exercice 11 : Un tunnel désigne

Réponse A :	Toute infrastructure routière délicate à franchir, compte-tenu du gabarit. Déclivité forte, sinuosité serrée, passage étroit, chaussée dégradée, visibilité réduite, giratoire étriqué, tunnel, etc.
Réponse B :	Sorte de hangar longiligne ouvert aux deux bouts, pourvu d'un portique de nettoyage monté sur rail, entre quoi autobus et autocars se douchent.
Réponse C :	Coup de fatigue dit aussi coup de pompe pendant la conduite…

Exercice 12[21] : On a équipé certains autobus de ligne, en leur adjoignant, à l'arrière de la cabine, une zone fermée, délimitée par une enceinte de grilles protectrices. Cet aménagement correspond à

Réponse A :	Un emplacement sécurisé où sont entreposées, le temps du trajet, bicyclettes, trottinettes.
Réponse B :	Des places pour les personnes âgées.
Réponse C :	Un espace d'incarcération temporaire, dédié à la clientèle violente, par conséquent potentiellement dangereuse pour autrui.

Exercice 13 : Si l'on mettait bout à bout l'ensemble des fils électriques présents à bord d'un véhicule de transport en commun long de douze mètres (gabarit standard), on obtiendrait environ…

Réponse A :	300 mètres linéaires.
Réponse B :	30 mètres linéaires.
Réponse C :	100 mètres linéaires.

Troisième série

Exercice 1

Un agent municipal dépêché au bon déroulement du ramassage aux abords du collège prie un chauffeur en attente de sa clientèle de déplacer son car d'un tour de roue. Sachant que le rayon des 6 roues du véhicule est de 44 cm, quelle distance

21 Inspiré par la réponse stupéfiante que me fit un jour, et très sérieusement, un collégien qui s'en allait sur ses onze ans…

l'autocar aura-t-il parcourue au terme d'une rotation complète des roues ?

Exercice 2

Reproduisez, à l'écran ou sur feuille, une plaque de tare. Renseignez toutes les rubriques réglementaires dont vous donnerez les définitions précises et expliquées.

Exercice 3

Le profane est parfois impressionné par la taille du volant d'un car/bus. Son diamètre peut en effet atteindre 50 cm (contre ≈ 36/38 pour une voiture), même si les constructeurs réduisent actuellement ces dimensions. Imaginez maintenant tout le contraire : un volant de la taille d'une assiette à dessert ! On vous pose deux questions :

a) Du petit ou du grand volant, lequel sera plus facile à tourner (l'assistance de direction étant la même dans les deux cas) ?

b) Lequel des deux volants tournera le plus vite, et pourquoi ?

Si le cœur vous en dit, lancez-vous dans une démonstration, calculs à l'appui.

Exercice 4

En observant plusieurs jours de suite, et de manière objective, les actions du conducteur qui vous mène au collège, nommez les qualités et les aptitudes qui vous semblent indispensables à l'exercice de cet emploi. Chaque compétence sera précédée ou suivie d'un exemple dont vous aurez été le témoin visuel.

Exercice 5

L'augmentation du parc automobile VL (véhicule léger) et le renchérissement du prix des carburants constituent-ils, selon vous, un atout pour le transport routier collectif ? Développez.

Exercice 6

Réalisez un *flyer* incitant les consommateurs de nourritures sucrées à ne plus laisser choir après trajet leurs emballages au fond de pauvres véhicules mis à leur disposition pour aller s'instruire en des lieux privilégiés, et pour grandir en conscience.

Exercice 7

Écrivez un code de bonne conduite (entre 5 et 8 *items*) à l'usage des passagers d'un ramassage scolaire. Prévoyez des sanctions... suggérez des récompenses.

Exercice 8

Soit les six matériaux : verre, acier, tissu, inox, plastique, caoutchouc. Associez à chacun de ces matériaux trois éléments présents dans le car/bus (intérieur ou extérieur) qui vous conduit au collège.

Exercice 9

Vous travaillez dans un bureau d'étude rattaché au ministère des Transports. Vous êtes concepteur ou conceptrice de l'autocar de demain. Décrivez le véhicule idéal, en mettant en valeur les améliorations réalisées au regard de l'existant actuel.

Table des matières